MAURICIO JUNIOR

WEB API E LINGUAGEM C#

Usando Visual Studio

MAURICIO JUNIOR

WEB API E LINGUAGEM C#

Usando Visual Studio

EDITORA CIÊNCIA MODERNA

Web API e Linguagem C# - Usando Visual Studio

Editor: Paulo André P. Marques
Produção Editorial: Dilene Sandes Pessanha
Capa: Daniel Jara
Diagramação: Angel Cabeza
Copidesque: Vivian Sbravatti

FICHA CATALOGRÁFICA

BORGES Junior, Mauricio Pereira.

Web API e Linguagem C# - Usando Visual Studio

Rio de Janeiro: Editora Ciência Moderna Ltda., 2020.

1. Informática
I — Título

ISBN: 978-85-399-0916-2 CDD 001.642

Editora Ciência Moderna Ltda.
R. Alice Figueiredo, 46 – Riachuelo
Rio de Janeiro, RJ – Brasil CEP: 20.950-150
Tel: (21) 2201-6662/ Fax: (21) 2201-6896
E-MAIL: LCM@LCM.COM.BR
WWW.LCM.COM.BR

08/20

DEDICATÓRIA

Dedico este livro primeiramente a Deus que me deu conhecimento, capacidade e oportunidade de escrever e transmitir um pouco de conhecimento.

AGRADECIMENTOS

Agradeço a minha filha Hadassa, por me proporcionar tantas alegrias.

A minha mãe Ana Maria, por me entender e por ter me dado muito amor.

A minha avó Durvalina, por sempre me dar suporte em oração.

Valorize a sua família, mesmo com todos os conflitos.

"Meus filhos terão computadores sim, mas antes terão livros. Sem livros, sem leitura, os nossos filhos serão incapazes de escrever — inclusive a sua própria história."

Bil Gates

SUMÁRIO

CAPÍTULO 01
Introdução ao Web Service

Neste capítulo, aprenderemos um pouco sobre o início da história do Web Service, sua integração e infraestrutura e exemplos que podem ser criados para facilitar a vida da empresa e do usuário.

O Web Service é uma tecnologia independente de plataforma, isto é, você pode criá-lo na plataforma Windows e chamá-lo ou consumi-lo usando a plataforma Linux. O serviço funciona pela Internet e não é mais utilizado como protocolo proprietário, como antigamente. Veja a figura 1 mostrando uma básica infra-estrutrua do funcionamento realizado nos dias de hoje.

Vamos começar olhando para a Intranet: note que essa parte da infraestrutura não é exposta e não é liberada para o acesso de fora da rede da empresa. Apenas o usuário devidamente cadastrado na rede interna tem acesso a ela. O banco de dados está dentro dessa estrutura e o único servidor que pode consultar essa base de dados é o de aplicação Web.

Vamos olhar para a Internet com os objetos expostos: que tipo de objetos podem ser expostos? E para quem podem ser expostos? Essa parte da estrutura já pode ser vista pela Internet sem qualquer problema. Geralmente, os objetos expostos são seguros e precisam também de usuário e senha para acesso, apesar de não serem o mesmo da Intranet analisado anteriormente, mas usuários com permissão de acessar o Web Service exposto. Os objetos podem ser métodos e classes para envio e recebimento de parâmetro, e todos que tiverem o endereço do objeto e o usuário e senha poderão consumi-lo de forma simples e fácil.

Vamos olhar para o último quadrante que também está na Internet: softwares, dispositivos móveis, dispositivos vestíveis e web sites são plataformas disponíveis para acessar o objeto exposto e assim consumir o que precisa. Como o Web Service é independente de plataforma, como dito anteriormente, qualquer plataforma nova pode enviar e receber parâmetro caso haja conexão com a Internet. Como a realidade hoje é que todos os dispositivos são conectados, o desenvolvedor não terá que se preocupar com o "Back-End", termo o qual começou a se popularizar e significa a parte interna dos dados, por exemplo: gravação, recuperação, edição e deleção de informações dentro do banco de dados.

diferentes sistemas. Eles tipicamente necessitam importar dados de uma aplicação vindos de outra plataforma UNIX e rodando no mainframe IBM. Mesmo trabalhando na mesma plataforma, aplicações de diferentes fornecedores frequentemente precisam ser integradas. Se os dados e funcionalidades de uma aplicação são expostos por um Web Service, outras aplicações poderão ter acesso para consumir os dados.

A reutilização de software pode ocorrer de várias formas e em diferentes níveis. A forma mais básica de reutilização de código é por meio do reuso de módulos ou classes do código-fonte. Outra forma é a reutilização baseada em componentes. Mas a reutilização de código sempre foi limitada por um favor: a impossibilidade de se reutilizar dados. A razão para isto é que pode-se facilmente distribuir componentes ou código-fonte, mas não os dados, a não ser que sejam dados estáticos.

Os Web Services permitem que a reutilização de código seja acompanhada da reutilização dos dados necessários, assim em vez de comprar e instalar um componente de terceiros para chamar localmente em sua aplicação, você pode se beneficiar de um Web Service remoto. Por exemplo, se o usuário de uma aplicação entra com o endereço de correspondência e é necessário validá-lo, isto poderia ser feito por Web Service de verificação de endereço. Este serviço pode procurar o endereço de rua, a cidade, o estado e o CEP para certificar que tal endereço existe e que ele está dentro do CEP especificado.

O provedor do serviço pode cobrar uma taxa periódica para utilização de seu serviço ou até uma taxa única pra cada utilização. Um serviço como esse é difícil de ser feito com reutilização de componentes, pois a própria empresa teria que manter um banco de dados atualizado de endereços, cidade, estados e CEP's, isto é, foge do escopo de seu negócio. E, fugindo do seu escopo, você não precisa perder tempo fazendo e atualizando uma funcionalidade que pode ser fornecida por uma empresa de Web Service.

Outra possibilidade para reutilização de software é a construção de uma aplicação que agrega a funcionalidade de muitas outras aplicações. Por exemplo, pode-se construir um portal na Intranet que permita que o usuário verifique o status de um pacote enviado pelo correio, cotação da bolsa e compra de entradas para o cinema. Todas essas funções podem ser realizadas hoje na Internet utilizando Web Services separados e expostos por diferentes empresas.

É importante saber que se você cria um serviço usando uma Startup e começa a cobrar por ele, pode ser que dê certo porque muitos sistemas precisam de integração utilizando menos esforço possível. Serviços de R$ 0,99 centavos por utilização ou por quantidade de dados utilizados cresce todos os dias na internet

Tente o máximo possível identificar problemas que pessoas passam hoje em dia e ofereça um serviço que resolva de forma simples e fácil, acredito que o segredo está ai: a identificação de problemas e a resolução com menos esforço. Para isso o Web Service é muito bom.

Vamos começar a ver um pouco da prática na criação de Web API / Web Service nos próximos capítulos.

CAPÍTULO 02
Entity Framework

Hoje em dia, a tecnologia .NET possui duas fontes de dados famosas. A primeira é a ADO.NET e a segunda é o Entity Framework, o qual é apenas um framework que abstrai a camada mais abaixo chamada ADO.NET, a qual é utilizada automaticamente. Podemos dizer que o Entity Framework é uma ferramenta de mapeamento de objeto relacional, que ajuda o desenvolvedor a trabalhar com classes e objetos ao invés de mandar comandos como SELECT, INSERT, DELETE e UPDATE na mão.

Eu sei que o desenvolvedor não é DBA (Administrador de Banco de Dados), mas acredito que não custa aprender um pouco sobre banco de dados, comandos, backup e scripts específicos para o banco. Na minha opinião, um bom desenvolvedor precisa entender e saber sobre banco de dados, precisar fazer um bom SELECT com INNER JOIN, e precisa entendê-lo ao ponto de apenas olhar no M.E.R (Modelo de Entidade e Relacionamento) e saber o que fazer para resolver o problema do software.

Para quem não entende e não sabe nada sobre os comandos do banco de dados, o Entity Framework ajuda e abstrai muita coisa, principalmente usando os comandos de classes e comandos do próprio Entity. Um SELECT simples usando Entity começa com FROM e termina com SELECT usando os objetos, isto é, são classes criadas com apenas Get e Set que representam uma tabela no banco de dados e com os mesmos atributos.

Outro problema que vejo no decorrer dos tempos analisando desenvolvedores e artigos na Internet é que muitos desenvolvedores utilizam ou configuram a tecnologia E.F. erroneamente. Para isso, a Microsoft está fechando as possibilidades no uso errado na ferramenta Visual Studio, mas ainda encontramos pessoas fazendo tudo na camada de visualização do usuário. É necessário separar as camadas para uma melhor organização, além da possibilidade de reutilizar o código construído anteriormente. O MVC foi criado para que se possa organizar e reaproveitar o código criado, e que não haja a necessidade de reescrever algo já escrito. Todos os projetos podem ter uma correlação e ao mesmo tempo serem desconectados, por exemplo: um projeto "mobile" desconectado do projeto desktop e conectado à regra de negócio e banco de dados. No mesmo código você pode ter uma parte central que se conecta ao banco e tem regra de negócio; e um outro código apenas para visualização do usuário chamada de camada de visualização ou front-end. A camada de visualização pode ser a parte "mobile", "desktop", "web", "automóvel", "relógio", "tv" e muitas outras camadas ligadas na parte de regra de negócio.

Quando o assunto é organização e reaproveitamente de código, não existe o certo ou errado, existem guias e padrões feitos por empresas que criaram a tecnologia. Então, escolha o exemplo com o qual você melhor se identifica e organize seu código. Hoje em dia, empresas de software olham a sua organização, valorizam principalmente se houver parte de testes. A figura MVC Entity Framework mostra um pouco sobre a ideia de ter um MVC com Entity Framework.

A figura MVC Entity Framework explica muito do que está sendo feito de forma errada junto aos desenvolvedores. Note que a camada de visualização está bem separada das outras camadas, como regra de negócio, camada de acesso a dados, dentre outras camadas de visualização. O Entity Framework da Microsoft possibilita as criações da camada de visualização do usuário, de regra de negócio, da camada de acesso a dados e de Web Service, chamado de Web API.

A primeira observação que podemos citar na figura é que nenhuma camada de visualização acessa direto a camada de acesso a dados, para a qual só tem-se acesso pela camada chamada "regra de negócio". Outro ponto importante é que pode-se criar um projeto diferente a cada camada, ou separá-los por pastas.

Passando agora para as camadas de visualização, a Web pode acessar diretamente a camada de regra de negócio. Isso não impede que a Web acesse o Web Service. A camada Mobile acessa diretamente o Web Service / Web API. A camada "desktop" acessa a camada de regra de negócio e os outros tipos de visualização podem acessar diretamente o Web Service. Veja a figura MVC Entity Framework.

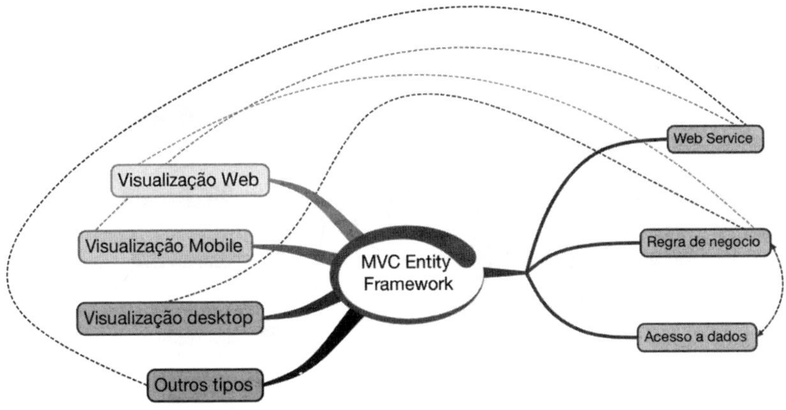

Figura 1 – Camadas separadas

Na prática, cada camada pode ser representada por um tipo de objeto, assim: a regra de negócio pode ser representada por BRL, isto é, cada entidade do banco de dados pode ser criada por uma BRL específica. Cada entidade do banco de dados pode ser um arquivo DAO específico para organizar melhor o seu código ao invés de ficar tudo misturado e cheio de métodos. O problema de estar tudo junto é a manutenção desses objetos: se eu tenho uma entidade chamada Usuário, teremos um objeto responsável pela regra de negócio do usuário chamada UsuarioBRL (Business Rules Layer), camada do usuário para acesso a dados chamada de UsuarioDAO (Data Access Object) e um objeto que faz a transferência de dados chamada UsuarioDTO (Data Transfer Object). O legal disso é que, ao desenvolver, você já sabe que, se for alterar algum parâmetro ou regra referente ao usuário, basta mexer nas classes de Usuario. Bem melhor de identificar e trabalhar.

O "**D**ata **T**ransfer **O**bject" é o objeto responsável por trafegar entre as camadas ao invés de criar métodos com vários parâmetros de entrada. Basta criar uma instância do DTO, preencher as propriedades que deseja e, para finalizar, envie o objeto todo. Então o método recebe um DTO como parâmetro, por exemplo: logar(Usuario DTO). Veja a figura MVC Entity Framework Representações com as ideias.

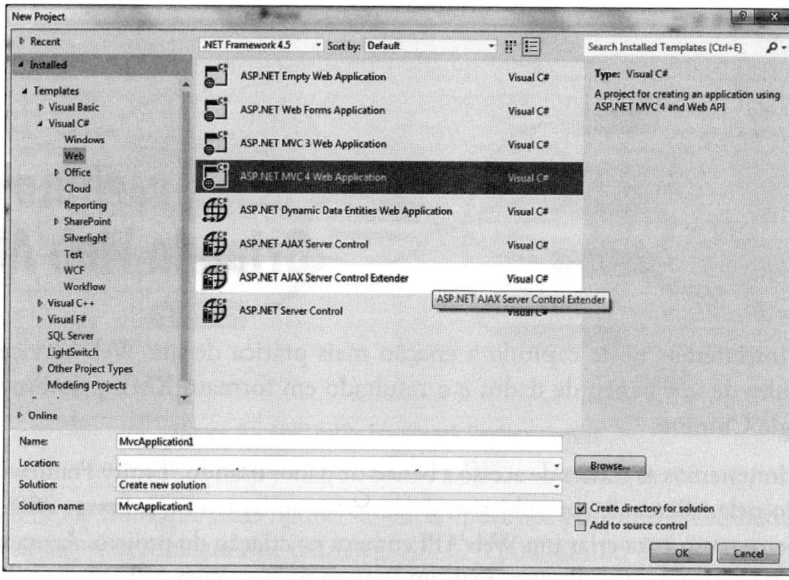

Figura 1 – Criando o projeto

Confirme o nome e o endereço e depois clique no botão OK; outra tela aparece para você escolher o "template" do projeto. Nela, você escolhe a opção Web API. Veja a figura 2.

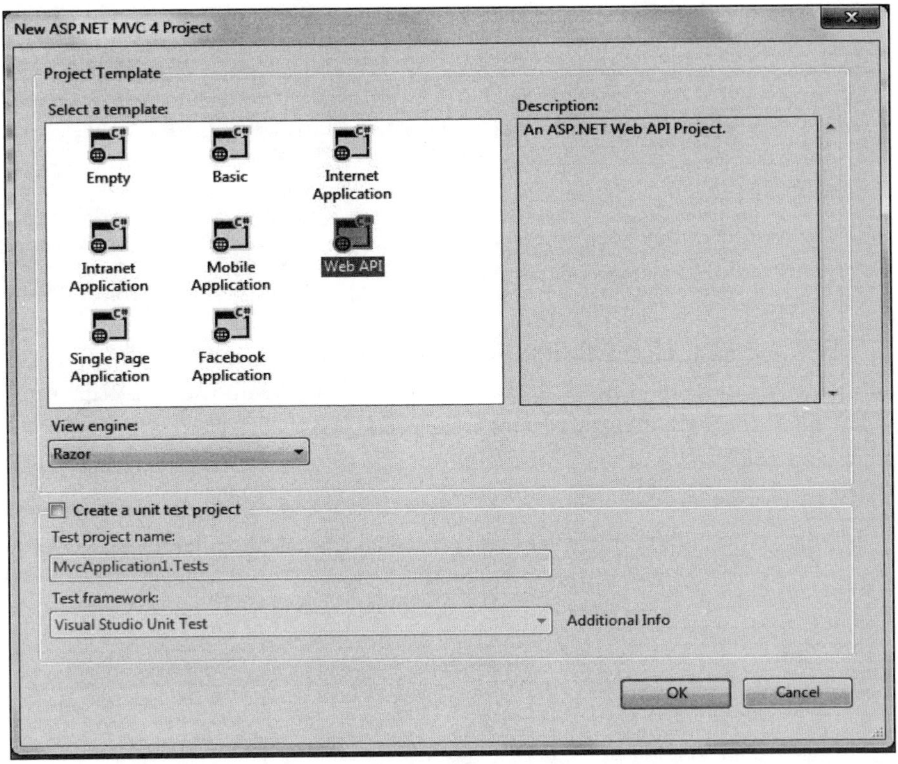

Figura 2 – Escolhendo o template do projeto Web API

Clique no botão OK e todo o projeto é criado. Até agora só temos o template funcionando, nada de conexão e classes criadas. É necessário criar a classe para conexão com o banco e classes para gerar as tabelas do banco de dados. Depois disso, criaremos uma "Controller".

Antes de qualquer alteração no template criado, vamos passar para o arquivo de configuração e alterar a "string" de conexão com o banco de dados. O template vem com uma "string default", mas não é o nosso objetivo conectar com um banco de dados já existente. O "string default" permite criar um novo banco de dados. Veja a listagem 1.

Listagem 1 – "String" de conexão

```
<!--<add name="DefaultConnection" connectionString="Data Source=(LocalDb)\
v11.0;Initial Catalog=aspnet-MVCTeste-20130401162929;Integrated Security=SSPI;
AttachDBFilename=|DataDirectory|\aspnet-MVCTeste-20130401162929.mdf"
     providerName="System.Data.SqlClient" />-->

     <add name="MeuContext" connectionString="Data Source=Servidor; Initial
Catalog=dbWebApi; User Id=usuario; Password=senha;"
     providerName="System.Data.SqlClient" />
```

Note que na listagem 1, a "string" que veio no template foi comentada e outra foi criada com o nome de "MeuContext". Precisamos agora criar uma classe chamada "MeuContext" dentro da pasta "Model" do projeto. Para criar uma classe dentro da pasta, clique com o botão direito em cima da pasta e siga passo a passo da figura 3.

Clique com o botão direito em cima da pasta Models, escolha a opção Add e depois Class, conforme mostrado na figura 3.

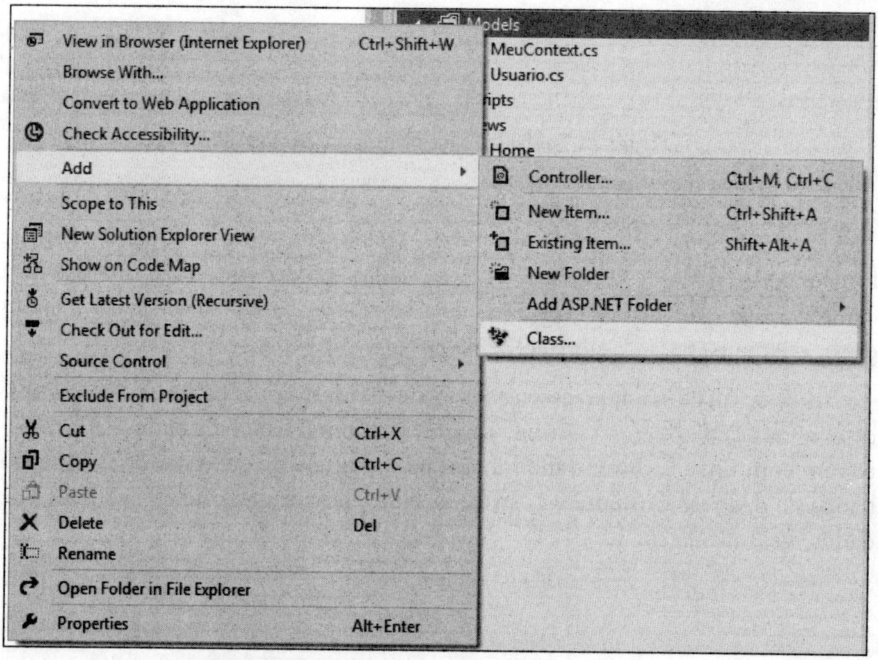

Figura 3 – Criando uma classe dentro da pasta

A classe criada precisa extender de "DbContext", indicando o nome de MeuContext.cs. O banco de dados chama dbWebAPI informado na conexão e no arquivo de configuração. Veja a figura 4.

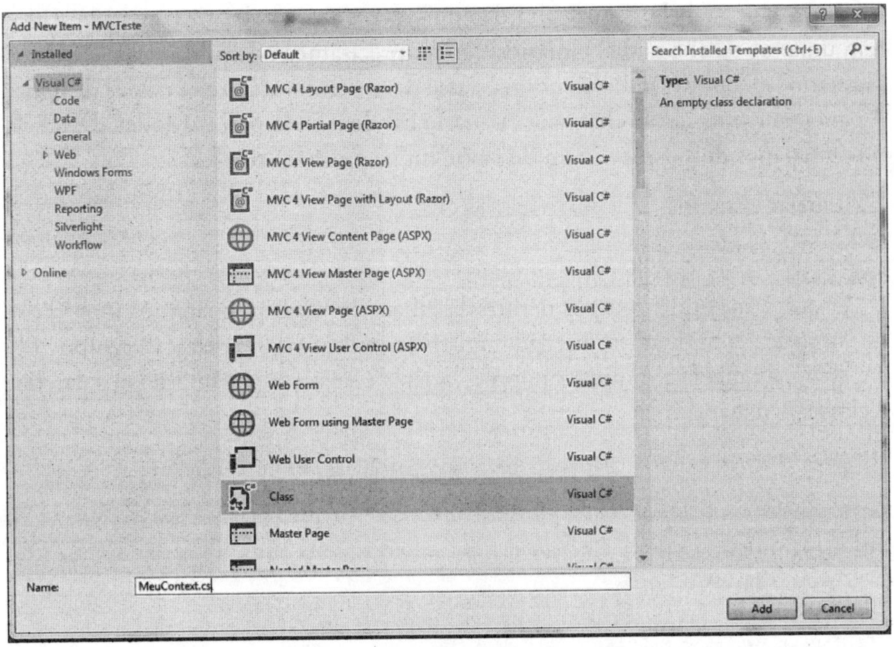

Figura 4 – Criando a classe MeuContext

A listagem 2 existe pois a classe precisa ser alterada em alguns aspectos.

Listagem 2 – Classe MeuContext

```
using System.Data.Entity;

namespace MVCTeste.Models
{
    public class MeuContext : DbContext
    {
        public MeuContext() : base("name=MeuContext")
        {
        }
    }
}
```

Note que a listagem 2 possui a base de extensão no construtor da classe (base("name=MeuContext")) indicando o nome colocado no arquivo de configuração. Pronto, agora temos a classe de conexão com o banco de dados usando o Entity Framework. Lembre-se que o banco já está pronto com suas respectivas tabelas.

A primeira tabela a qual abordaremos é a de usuários. O banco de dados tem uma tabela chamada "Usuarios", então precisamos criar uma classe chamada "Usuario" e depois a indicaremos na classe de contexto. Utilize os passos da figura 3 para gerar uma classe chamada "Usuario.cs" dentro da pasta "Model". A tabela possui apenas dois campos, um do tipo "Int" e outro "String".

Tabela: Usuarios

Campos: Id, Nome.

Já que temos dois campos dentro da tabela de usuário, criaremos uma classe de "usuario" com duas propriedades iguais aos valores das tabelas. O campo "Id" é a chave da tabela e o outro campo é "String". Veja a listagem 3 depois de criar a classe de usuário.

Listagem 3 – Classe de usuário

```
using System;
using System.Collections.Generic;
using System.ComponentModel.DataAnnotations;
using System.Linq;
using System.Web;

namespace MVCTeste.Models
{
    public class Usuario
    {
        [Key]
        public Int32 Id { get; set; }

        public String Nome { get; set; }
    }
}
```

Depois da classe criada, precisamos mudar o contexto para adicionar a classe "usuario" com o nome (sem acento). Veja a listagem 4.

Listagem 4 – Alterando a classe de contexto MeuContext.cs

```
using System.Data.Entity;

namespace MVCTeste.Models
{
```

```
    public class MeuContext : DbContext
    {
        public MeuContext() : base("name=MeuContext")
        {
        }

        public DbSet<Usuario> Usuarios { get; set; }
    }
}
```

Nosso trabalho está quase pronto. Compile todo o projeto e procure por erros, eliminando todos para que assim se possa gerar a "controller". É necessário compilar todo o projeto antes de gerar a "controller", caso contrário o projeto retornará um erro. Depois disso, vamos adicionar um controle de usuário responsável por inserir, alterar, excluir e pesquisar no banco de dados. Em vez de criarmos um controle MVC, criaremos um controle do tipo Web API que gera todos os métodos.

Clique com o botão direito em cima da pasta "Controller", escolha a opção Add e depois "Controller". Uma tela aparece para que algumas opções sejam digitadas e escolhidas.

Digite o nome UsuarioControler no campo "controller name", escolha o template API "controller with read/write actions, usando Entity Framework", escolha na opção "Model class" a classe "Usuario" e no campo "Data context class" a opção Usuario.

Depois de clicar no botão Add, toda estrutura é criada automaticamente pela ferramenta. Veja a figura 5.

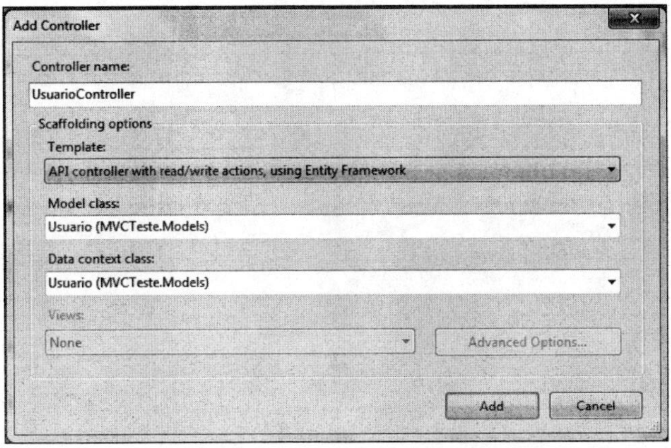

Figura 5 – Criando controle de usuário

Todos os métodos foram criados na classe UsuarioController.cs, veja na listagem 5.

Listagem 5 – Controller de usuário criada

```
using System;
using System.Collections.Generic;
using System.Data;
using System.Data.Entity;
using System.Data.Entity.Infrastructure;
using System.Linq;
using System.Net;
using System.Net.Http;
using System.Web;
using System.Web.Http;
using MVCTeste.Models;

namespace MVCTeste.Controllers
{
    public class UsuarioController : ApiController
    {
        private MeuContext db = new MeuContext();

        // GET api/Usuario
        public IEnumerable<Usuario> GetUsuarios()
        {
            return db.Usuarios.AsEnumerable();
        }

        // GET api/Usuario/5
        public Usuario GetUsuario(int id)
        {
            Usuario usuario = db.Usuarios.Find(id);
            if (usuario == null)
            {
                throw new HttpResponseException (Request.
CreateResponse(HttpStatusCode.NotFound));
            }
            return usuario;
        }

        // PUT api/Usuario/5
        public HttpResponseMessage PutUsuario(int id, Usuario usuario)
        {
            if (!ModelState.IsValid)
            {
                return Request.CreateErrorResponse(HttpStatusCode.BadRequest,
ModelState);
            }

            if (id != usuario.Id)
            {
                return Request.CreateResponse(HttpStatusCode.BadRequest);
            }

            db.Entry(usuario).State = EntityState.Modified;

            try
            {
                db.SaveChanges();
            }
            catch (DbUpdateConcurrencyException ex)
            {
                return Request.CreateErrorResponse(HttpStatusCode.NotFound, ex);
            }
```

```
            return Request.CreateResponse(HttpStatusCode.OK);
        }

        // POST api/Usuario
        public HttpResponseMessage PostUsuario(Usuario usuario)
        {
            try
            {
                if (ModelState.IsValid)
                {
                    db.Usuarios.Add(usuario);
                    db.SaveChanges();

                    HttpResponseMessage response = Request.
CreateResponse(HttpStatusCode.Created, usuario);
                    response.Headers.Location = new Uri(Url.Link("DefaultApi",
new { id = usuario.Id }));
                    return response;
                }
                else
                {
                    return Request.CreateErrorResponse(HttpStatus Code.
BadRequest,ModelState);
                }
            }
            catch (Exception ex)
            {
                throw ex;
            }
        }

        // DELETE api/Usuario/5
        public HttpResponseMessage DeleteUsuario(int id)
        {
            Usuario usuario = db.Usuarios.Find(id);
            if (usuario == null)
            {
                return Request.CreateResponse(HttpStatusCode.NotFound);
            }

            db.Usuarios.Remove(usuario);

            try
            {
                db.SaveChanges();
            }
            catch (DbUpdateConcurrencyException ex)
            {
                return Request.CreateErrorResponse(HttpStatusCode.NotFound, ex);
            }

            return Request.CreateResponse(HttpStatusCode.OK, usuario);
        }

        protected override void Dispose(bool disposing)
        {
            db.Dispose();
            base.Dispose(disposing);
        }
    }
}
```

O resultado final é perfeito, como dizem alguns amigos. Compile e clique F5 para rodar a aplicação. Acrescente no endereço da URL o /api/usuario e o XML de retorno no "browser" aparece automaticamente. Ao abrir pelo "browser", o dado retornado vem em XML; outro tipo de cliente a ser usado pode ser o Json. A figura 6 mostra os dados buscados pelo browser.

Figura 6 – Resultado em XML

Espero que o seu projeto tenha dado certo como o meu e que no final os valores do banco de dados apareçam na tela. Os dados retornaram em XML mas podem retornar em JSon também.

CAPÍTULO 04

Consumindo o Web API Criado

No capítulo anterior, aprendemos como criar um Web API que retorna dados vindo do banco de dados, o passo a passo foi relativamente simples para um desenvolvedor mediano que vai segui-lo. Neste capítulo, mostrarei como usar o Web API em aplicativo, site web ou qualquer outra plataforma usando a linguagem C#.

Pegaremos os dados do Web API da forma correta e preencheremos um GridView dinamicamente, ou seja, usaremos o método GET responsável por pegar os dados via URL. Em outro momento, trabalharemos com PUT (responsável por atualizar os dados), DELETE (responsável por deletar os dados) e POST (responsável por inserir dados). Crie um novo arquivo Web Form e dentro dele jogaremos um objeto do tipo GridView.

Criar um novo projeto do tipo WebForm usando a linguagem C# ou VB é o método mais comum entre os desenvolvedores de software. Na parte de HTML dentro da página default.aspx, coloque o objeto GridView, o qual traz apenas o nome do usuário vindo do Rest consumido.

Listagem 1 – Lista de usuário

```
<asp:GridView ID="GridView1" runat="server" AutoGenerateColumns="false">
<Columns>
      <asp:BoundField DataField="Id" HeaderText="Id" />
      <asp:BoundField DataField="Nome" HeaderText="Nome" />
</Columns>
</asp:GridView>
```

Agora temos que preencher o GridView com dados vindos do Rest criado no capítulo anterior.

O segundo passo é feito dentro da linguagem C#, neste caso o default.aspx.cs. Vamos declarar duas variáveis. Uma do System.Uri e outra do System.Net.Http.

Listagem 2 – Declaração de variável

```
HttpClient client;
Uri usuarioUri;
```

Agora no construtor do método é necessário indicar o endereço do site e o tipo de retorno, que no nosso caso é o Json.

Listagem 3 – Construtor

```
public _default()
{
        if (client == null)
        {
                client = new HttpClient();
                client.BaseAddress = new Uri("http://localhost:1020");
                        client.DefaultRequestHeaders.Accept.Add(new System.Net.Http.
Headers.MediaTypeWithQualityHeaderValue("application/json"));
        }
}
```

Note que, na listagem 3, o tipo do cabeçalho do Rest é o application/json baseado no HttpClient().

Dentro do método Page_Load da classe default.cs, chamamos o método getAll(). Na listagem 4, o método getAll() busca o link e os dados para preencher o GridView pelo Web API.

Listagem 4 – Page_Load

```
protected void Page_Load(object sender, EventArgs e)
{
        if (!Page.IsPostBack)
        {
                getAll();
        }
}
```

Passando para o método getAll(), a chamada da url é simplificada e os dados retornados são pegos por meio de um Enumerable.

Listagem 5 – Chamando o rest e preenchendo o grid

```
private void getAll()
    {
//chamando a api pela url
        System.Net.Http.HttpResponseMessage response = client.GetAsync("api/
usuario").Result;

            //se retornar com sucesso busca os dados
        if (response.IsSuccessStatusCode)
        {
            //pegando o cabeçalho
          usuarioUri = response.Headers.Location;

            //Pegando os dados do Rest e armazenando na variável usuários
          var usuarios = response.Content.[ReadAsAsync<IEnumerable
```

```
            <Usuario>>().Result;

            //preenchendo a lista com os dados retornados da variável
            GridView1.DataSource = usuarios;
            GridView1.DataBind();
          }

          //Se der erro na chamada, mostra o status do código de erro.
else
          Response.Write(response.StatusCode.ToString() + " - " +
          response.ReasonPhrase);

      }
```

Em cada linha da listagem 5 existe uma explicação simplificada do que é feito. O resultado final dessa chamada é o grid preenchido rapidamente. Veja a figura 7.

Id	Nome
203	Mauricio 17
204	Mauricio 1888
208	Mauricio 22
209	Mauricio 23
211	Mauricio 25
212	Mauricio 26
213	Mauricio 27
214	Mauricio 28
215	Mauricio 29
234	Mauricio 48
235	Mauricio 49
237	Mauricio Junior1
255	Mauricio Junior19
263	Mauricio Junior27
264	Mauricio Junior28
265	Mauricio Junior29
266	Mauricio Junior30
267	Mauricio Junior31
268	Mauricio Junior32
269	Mauricio Junior33

Figura 7 – Grid preenchido pelo Rest

Pronto, já com os dados retornados e preenchidos em tela, passaremos para outros pontos. Abordaremos a parte de **delete** de dados usando Web API. Nesta parte, mostraremos como pegar os dados com o GET e preencher um GridView, só que dessa vez pegaremos os dados do GridView e os apagaremos usando o **DELETE** do Web API criado na parte anterior. Não é muito difícil ou trabalhoso;

para isso, teremos que criar dois métodos, um para o GridView e outro para fazer o delete depois do clique do usuário.

É necessário fazer um ajuste junto ao GridView e o primeiro método que pega os dados do Grid para apagar, dentro da parte em HTML, é criar o ButtonField. O GridView deve disponibilizar, além das informações, dois links específicos para excluir e atualizar, como mostra a figura 8.

Id	Nome	Excluir	Atualizar
133	testes a dfas fas	Excluir	Atualizar
134	testes a dfas fas	Excluir	Atualizar
135	testes a dfas fas	Excluir	Atualizar
203	Mauricio 17	Excluir	Atualizar
204	Mauricio 1888	Excluir	Atualizar
208	Mauricio 22	Excluir	Atualizar
209	Mauricio 23	Excluir	Atualizar
211	Mauricio 25	Excluir	Atualizar
212	Mauricio 26	Excluir	Atualizar
213	Mauricio 27	Excluir	Atualizar
214	Mauricio 28	Excluir	Atualizar
215	Mauricio 29	Excluir	Atualizar
234	Mauricio 48	Excluir	Atualizar
235	Mauricio 49	Excluir	Atualizar
237	Mauricio Junior1	Excluir	Atualizar
255	Mauricio Junior19	Excluir	Atualizar
263	Mauricio Junior27	Excluir	Atualizar
264	Mauricio Junior28	Excluir	Atualizar
265	Mauricio Junior29	Excluir	Atualizar
266	Mauricio Junior30	Excluir	Atualizar
267	Mauricio Junior31	Excluir	Atualizar
268	Mauricio Junior32	Excluir	Atualizar
269	Mauricio Junior33	Excluir	Atualizar

Figura 8 – GridView com lista e links

Puxar os dados do banco e colocar os links é fácil, como feito anteriormente. O código da listagem 11 mostra tudo na parte HTML do Visual Studio. Lembro que esses passos são básicos de acordo com a nossa proposta falando sobre Web API. Segue o código para o GridView, listagem 6.

Listagem 6 – Código do GridView

```
<asp:GridView ID="GridView1" runat="server" AutoGenerateColumns="false"
        DataKeyNames="Id" OnRowCommand="GridView1_RowCommand">
        <Columns>
            <asp:BoundField DataField="Id" HeaderText="Id" />
            <asp:BoundField DataField="Nome" HeaderText="Nome" />
            <asp:ButtonField ButtonType="Link" CommandName="Excluir"
Text="Excluir" HeaderText="Excluir" />
            <asp:ButtonField ButtonType="Link" CommandName="Atualizar"
Text="Atualizar" HeaderText="Atualizar" />
        </Columns>
    </asp:GridView>
```

A listagem 6 mostra o GridView chamado de GridView1, com as colunas BoundField e ButtonField para excluir e atualizar. Note também a existência do DataKeyNames, um atributo essencial para pegar a chave do banco de dados. Dentro desse atributo, há o valor Id, o qual possui o mesmo nome do campo na tabela do banco de dados criada na parte anterior. Acrescentando estas colunas no GridView e no DataKeyName, mostraremos como gerar o atributo RowCommand responsável por pegar os valores da linha selecionada com o clique do mouse.

Não posso deixar de falar sobre o CommandName, propriedade que define qual nome verificará dentro da linguagem C#. Qualquer nome pode ser colocado, desde que não haja acento ou caracter especial. Nesse caso, colocaremos o nome Excluir em um CommandName e Atualizar no outro. O primeiro passo é acessar a parte de Design dentro da ferramenta, depois basta selecionar o GridView e clicar duas vezes no evento do objeto. A figura 9 mostra a parte de Design dentro da ferramenta.

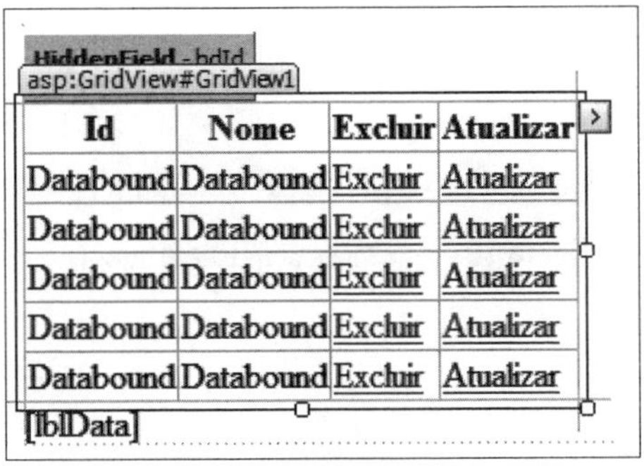

Figura 9 – Parte de Design dentro da ferramenta

Ao selecionar o GridView, clique na aba de Properties e depois em Events. Veja a figura 10 mostrando o passo a passo.

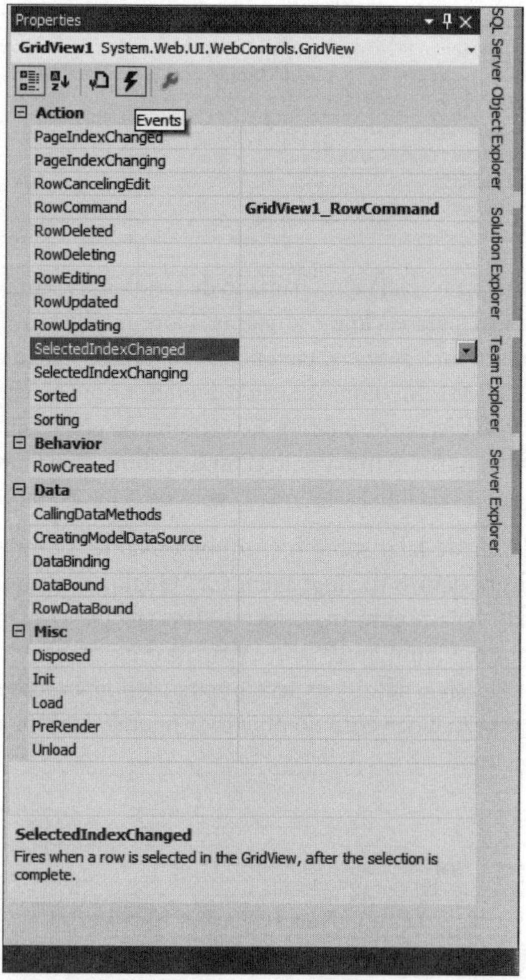

Figura 10 – Acessando propriedade do objeto

Note, na figura 10, o botão que parece um raio chamado Events. Selecionando essa opção, a ação RowCommand está pronta para ser acionada. Para gerar automaticamente o método específico de RowCommand na linguagem C#, clique duas vezes em cima do campo a frente do comando.

A listagem 7 mostra o método criado após o duplo clique.

Listagem 7 – Criando método RowCommand

```
protected void GridView1_RowCommand(object sender, GridViewCommandEventArgs e)
{

}
```

Note na listagem 7 que o nome do método é composto do nome do objeto mais o nome do comando RowCommand. Dentro do método, é necessário verificar qual nome do comando excluir ou atualizar de acordo com a seleção do usuário. O que precisamos pegar neste caso é a chave no DataKeyName. Para isso, acrescentarei alguns códigos dentro do método, e, afim de apagar o dado no banco de dados, pegarei o valor passado para outro método que será criado posteriormente pelo Web API. A listagem 8 mostra como ficou o método para excluir o valor.

Listagem 8 – Método RowCommand, pegando a chave

```
protected void GridView1_RowCommand(object sender, GridViewCommandEventArgs e)
{
        if (e.CommandName == "Excluir")
        {
                int _index = int.Parse((String)e.CommandArgument);
                string _chave = GridView1.DataKeys[_index]["Id"].ToString();

        }
}
```

Note que, na listagem 8, a primeira verificação foi a igualdade do CommandName. Se o CommandName for igual a Excluir, entra na próxima linha para executar os dados. O próximo passo é pegar o index da linha selecionada com o clique do mouse. Esse valor foi armazenado na variável index do tipo Int. A segunda linha é responsável por pegar a chave daquele registro, por isso passo o index e o nome do campo no banco de dados.

```
GridView1.DataKeys[_index]["Id"].ToString()
```

O valor é armazenado na variável do tipo String chamada chave. Essa chave precisa ser passada para outro método e ele precisa chamar o Web API de DELETE passando parâmetros. O método que criaremos chama **delete(int Id)** e espera o tipo Int como parâmetro.

Antes de criar o método, lembre-se que o "client" deve ser definido no construtor da classe. A listagem 9 mostra essa informação necessária.

Listagem 9 – Método construtor da classe

```
public partial class WebForm1 : System.Web.UI.Page
    {
        HttpClient client;
        Uri usuariosUri;

        public WebForm1()
        {
            if (client == null)
            {
                client = new HttpClient();
                client.BaseAddress = new Uri(endereco_do_site);
                client.DefaultRequestHeaders.Accept.Add(new System.Net.Http.
Headers.MediaTypeWithQualityHeaderValue("application/json"));
            }
        }
...
}
```

Passando para a criação do método delete, basta escrever algumas linhas específicas para executar o delete via Web API. A criação do método é mostrada na listagem 10.

Listagem 10 – Criando o método delete

```
private void delete(int Id)
{
       System.Net.Http.HttpResponseMessage response = client.GetAsync("api/
usuario/" + Id).Result;
       response = client.DeleteAsync("api/usuario/" + Id).Result;

       if (response.IsSuccessStatusCode)
            usuariosUri = response.Headers.Location;
else
            Response.Write(response.StatusCode.ToString() + " - " + response.
ReasonPhrase.ToString());

       //chamar o método que pega todos os dados novamente, mostrado na parte 2.
}
```

A listagem 10 mostra o método privado e não retorna valor algum, só espera que seja passado um valor do tipo Int informado anteriormente. A primeira linha é o "response", a qual passa o endereço do Web API com o valor informado. Depois disso, é necessário chamar o método DeleteAsync passando os parâmetros e, se for executado com sucesso, o dado é apagado. É por isso que na próxima linha o status do código executado é verificado e, caso não seja executado corretamente, o código passa para o else, o qual mostra o erro ao usuário pelo StatusCode. No final de tudo, é necessário chamar outro método que pega todos os valores automaticamente consultando o Web API.

Com o método delete pronto, basta indicar o nome passando o parâmetro dentro do RowCommand, simplificando o procedimento. A listagem 11 mostra essa chamada dentro do método.

Listagem 11 – Chamando o método delete

```
protected void GridView1_RowCommand(object sender, GridViewCommandEventArgs e)
{
        if (e.CommandName == "Excluir")
        {
                int _index = int.Parse((String)e.CommandArgument);
                string _chave = GridView1.DataKeys[_index]["Id"].ToString();

                delete(int.Parse(_chave));
        }
}
```

A listagem 11 mostra na última linha que o método delete é chamado passando como parâmetro a chave convertida para o tipo Int. Para mostrar todo esse caminho percorrido, vamos debugar passo a passo para que todo o método seja compreendido. Vamos clicar F5 na ferramenta e marcar a linha desejada para acompanhar passo a passo e os valores das variáveis naquele momento. A figura 11 mostra todas a lista de dados no meu banco de dados.

Id	Nome	Excluir	Atualizar
133	testes a dfas fas	Excluir	Atualizar
134	testes a dfas fas	Excluir	Atualizar
135	testes a dfas fas	Excluir	Atualizar
203	Mauricio 17	Excluir	Atualizar
204	Mauricio 1888	Excluir	Atualizar
208	Mauricio 22	Excluir	Atualizar
209	Mauricio 23	Excluir	Atualizar
211	Mauricio 25	Excluir	Atualizar
212	Mauricio 26	Excluir	Atualizar
213	Mauricio 27	Excluir	Atualizar
214	Mauricio 28	Excluir	Atualizar
215	Mauricio 29	Excluir	Atualizar
234	Mauricio 48	Excluir	Atualizar
235	Mauricio 49	Excluir	Atualizar
237	Mauricio Junior1	Excluir	Atualizar
255	Mauricio Junior19	Excluir	Atualizar
263	Mauricio Junior27	Excluir	Atualizar
264	Mauricio Junior28	Excluir	Atualizar
265	Mauricio Junior29	Excluir	Atualizar
266	Mauricio Junior30	Excluir	Atualizar
267	Mauricio Junior31	Excluir	Atualizar
268	Mauricio Junior32	Excluir	Atualizar
269	Mauricio Junior33	Excluir	Atualizar

javascript:__doPostBack('GridView1','Excluir$0')

Figura 11 – Mostrando todos os dados do banco de dados

Marquei a primeira linha do RowCommand e selecionei a primeira linha do meu grid. Note que o valor da primeira coluna é 133. Esse é o valor que precisa ser pego dentro do método. A figura 12 mostra que o método parou esperando ser debugado.

```
protected void GridView1_RowCommand(object sender, GridViewCommandEventArgs e)
{
    if (e.CommandName == "Excluir")
    {
        int _index = int.Parse((String)e.CommandArgument);
        string _chave = GridView1.DataKeys[_index]["Id"].ToString();

        delete(int.Parse(_chave));
    }
```

Figura 12 – Debugando o método RowCommand.

A figura 13 mostra que o valor da chave pego foi o 133, o mesmo selecionado pelo clique do usuário.

```
protected void GridView1_RowCommand(object sender, GridViewCommandEventArgs
{
    if (e.CommandName == "Excluir")
    {
        int _index = int.Parse((String)e.CommandArgument);
        string _chave = GridView1.DataKeys[_index]["Id"].ToString();
                        _chave "133"
        delete(int.Parse(_chave));
    }
```

Figura 13 – Mostrando o valor selecionado

Note que, na figura 13, o debug está parado no comando delete. Para entrar no método delete, basta clicar F11; para executar o que tem dentro do método sem entrar, basta clicar F10. Vamos entrar no método clicando F11. A figura 14 mostra o método delete.

```
private void delete(int Id)
{                                   Id 133
    System.Net.Http.HttpResponseMessage response = client.GetAsync("api/usuario/" + Id).Result;
    response = client.DeleteAsync("api/usuario/" + Id).Result;

    if (response.IsSuccessStatusCode)
        usuariosUri = response.Headers.Location;
    else
        Response.Write(response.StatusCode.ToString() + " - " + response.ReasonPhrase.ToString());

    getAll();
}
```

Figura 14 – Debugando o método delete para apagar o dado

A figura 15 mostra que o valor foi apagado com sucesso.

```
private void delete(int Id)
{
    System.Net.Http.HttpResponseMessage response = client.GetAsync("api/usuario/" + Id).Result;
    response = client.DeleteAsync("api/usuario/" + Id).Result;

    if (response.IsSuccessStatusCode)
        usuariosUri = response  response.IsSuccessStatusCode true
    else
        Response.Write(response.StatusCode.ToString() + " - " + response.ReasonPhrase.ToString());

    getAll();
}
```

Figura 15 – Dado apagado com sucesso

Depois de deletar o dado, pego novamente todos os dados e os mostro na tela pelo GridView. A figura 16 mostra que o dado 133 não existe mais no banco de dados buscado pelo Web API.

Id	Nome	Excluir	Atualizar
134	testes a dfas fas	Excluir	Atualizar
135	testes a dfas fas	Excluir	Atualizar
203	Mauricio 17	Excluir	Atualizar
204	Mauricio 1888	Excluir	Atualizar
208	Mauricio 22	Excluir	Atualizar
209	Mauricio 23	Excluir	Atualizar
211	Mauricio 25	Excluir	Atualizar
212	Mauricio 26	Excluir	Atualizar
213	Mauricio 27	Excluir	Atualizar
214	Mauricio 28	Excluir	Atualizar
215	Mauricio 29	Excluir	Atualizar
234	Mauricio 48	Excluir	Atualizar
235	Mauricio 49	Excluir	Atualizar

Figura 16 – Mostrando o dado apagado

Todos os passos acontecem de forma rápida e simples usando Web API, o trâmite é feito rapidamente e pode ser chamado por qualquer aplicativo incluindo aplicativo móvel.

Dando continuidade e com objetivo de criar e consumir Web API, estudaremos e mostraremos como fazer o PUT, ou seja, como fazer "update" no banco de dados usando Web API. A criação do método PUT em capítulos anteriores foi feita pela própria ferramenta. Posteriormente verificaremos que há a possibilidade de utilizarmos nossa maneira para criar o método.

Toda essa tecnologia da Microsoft está disponível com a nova plataforma MVC 4.0 e a ferramenta Visual Studio, a qual pode ser baixada gratuitamente no site da Microsoft na versão Community, atualmente encontrada no link 1. Como descrito nas partes anteriores, o Web API pode ser usado em qualquer dispositivo móvel ou web site.

Link 1 – Download do Visual Studio Community

`https://www.visualstudio.com/pt-br/products/visual-studio-community-vs.aspx`

Lembro que o Web API que entrega resultados do tipo REST e não WSDL dos Web Services antigos é usada desde do ano 2000 pelo eBay, depois o Amazon começou a usar e veio se popularizar no ano 2010, quando outros serviços começaram a usar e disponibilizar pela Internet.

Na parte anterior, mostrei o objeto GridView com os links chamados "Excluir" e "Atualizar". O excluir foi feito e agora faremos o "Atualizar", isto é, daremos continuidade com o mesmo projeto e o mesmo GridView. Por isso, há a necessidade de acompanhar desde o início.

Antes de mostrar o código, revisaremos a ideia principal para que entenda melhor cada passo. Como o objeto GridView é preenchido, o clique no link "atualizar" é feito dentro do método RowCommand. Os valores da linha selecionada são pegos e enviados para os campos da página.

Com os campos preenchidos, o objeto Hidden esconde o Id (chave principal da tabela) e o usuário não consegue alterá-lo. Como o usuário pode atualizar o nome da pessoa, esse campo é armazenado em um objeto TextBox. Ao clicar no botão "Atualizar", os valores dos dados são passados para o método que por si só usa o Web API.

O comando necessário para atualizar os dados no banco de dados pelo Web API é o "PutAsJsonAsync", passando a URL e os dados de atualização. A figura 17 mostra os dados retornados.

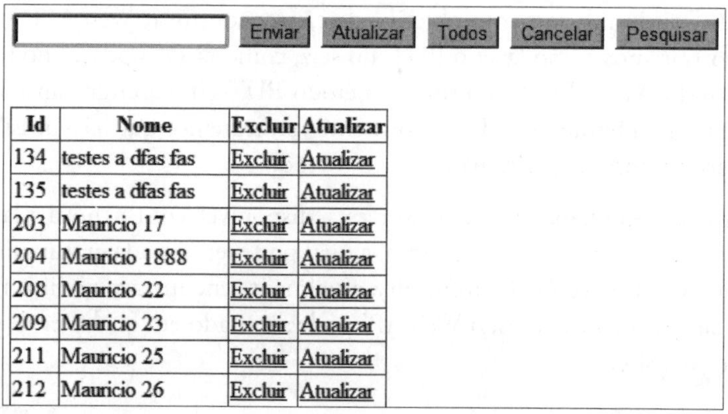

Figura 17 – Atualização de dados

Na parte HTML do código ASPX há dois campos, dos quais o usuário pode ver o do objeto TextBox, mas não o outro. Veja a listagem 17.

Listagem 17 – Mostrando os objetos da tela

```
<asp:HiddenField ID="hdId" runat="server" />
<asp:TextBox ID="txtNome" runat="server"></asp:TextBox>

<asp:Button ID="cmdAtualizar" runat="server" Text="Atualizar"
OnClick="cmdAtualizar_Click" />
```

O nome do Hidden é hdId, o do TextBox é txtNome e o do botão que atualizará os dados é cmdAtualizar. O primeiro passo é programar o click do link "Atualizar" dentro do GridView. A listagem 18 mostra como pegar os dados do GridView e jogar nos campos.

Listagem 18 – Mostrando como pegar os dados depois de clicar no link atualizar

```
protected void GridView1_RowCommand(object sender, GridViewCommandEventArgs e)
    {
        if (e.CommandName == "Atualizar")
        {
            int _index = int.Parse((String)e.CommandArgument);
            string _chave = GridView1.DataKeys[_index]["Id"].ToString();
            string _nome = Server.HtmlDecode(GridView1.Rows[_index].Cells[1].Text);

            hdId.Value = _chave;
            txtNome.Text = _nome;
            txtNome.Focus();
        }
    }
```

A primeira linha do código verifica se o comando é igual ao link do GridView. Se o comando for "Atualizar", então o index é pego com o "ComandArgument". A chave do GridView é pega pelo DataKeys e a linha é pega com o método Rows do mesmo objeto passando a variável index. Lembre-se que é necessário passar o número da célula começando do zero e assim por diante.

Com as variáveis e dados, basta atribuir os valores para os objetos da tela. Para isso existem o hdId.Value= _chave e o txtNome.Text = _nome.

Para jogar os dados do grid na tela, não é necessário buscar no banco de dados novamente, nem mesmo submeter os dados na página outra vez. Esses comandos feitos são mostrados como resultado da figura 18.

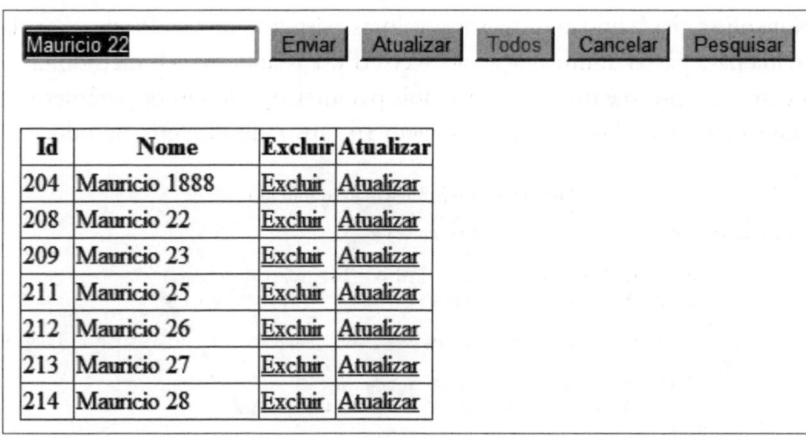

Figura 18 – Jogando os dados para o campo TextBox

Até o momento, fizemos apenas o envio dos dados, um escondido e outro que pode ser alterado, para os campos. O usuário pode alterar o parte onde aparece o nome Mauricio 22 bastando clicar no botão Atualizar depois.

A listagem 12 mostra o clique do botão Atualizar chamando outro método responsável pela comunicação Web API e passando parâmetros.

Listagem 12 – Clique do botão atualizar

```
protected void cmdAtualizar_Click(object sender, EventArgs e)
{
        update(int.Parse(hdId.Value), txtNome.Text);
}
```

Para o método "update", é necessário passar dois parâmetros, um do tipo Inteiro e outro do tipo String, especificamente o id e nome. Agora começaremos a utilizar estes parâmetros criando classes e chamando métodos do Web API. O primeiro passo foi criar uma classe chamada "User" com duas propriedades.Veja na listagem 13.

Listagem 13 – Nova classe com propriedades

```
class User
    {
        [Key]
        public Int32 Id { get; set; }

        public String Nome { get; set; }
    }
```

Note que a classe possui os mesmos valores existentes no GridView. Essa classe foi criada para passar a informação ao Web API. Passando para o método update, a primeira percepção é que ele recebe dois parâmetros. Depois os parâmetros são atribuídos na classe "User". Veja a listagem 14 mostrando todo o método.

Listagem 14 – Método update Web API

```
private void update(int _Id, String _nome)
        {
            var usuarios = new User() {Id = _Id, Nome = _nome };
            System.Net.Http.HttpResponseMessage response = client.GetAsync("api/
usuario").Result;
            response = client.PutAsJsonAsync("api/usuario/" + _Id, usuarios).Result;

            if (response.IsSuccessStatusCode)
                usuariosUri = response.Headers.Location;
            else
                Response.Write(response.StatusCode.ToString() + " - " +
response.ReasonPhrase.ToString());
            getAll();
        }
```

A primeira linha pega os dados enviados e atribui a classe criada chamada "User".

Listagem 15 – Pegando os dados e atribuindo na classe User

```
var usuarios = new User() {Id = _Id, Nome = _nome };
```

Depois de atribuir os parâmetros, usaremos o HttpResponseMessage para enviar a URL do Web API. A variável response chama o "client.PutAsJsonAsync" passando parâmetro: URL barra o Id vírgula a variável de usuários atribuída anteriormente. Se o resultado for de sucesso, então o dado foi atualizado com sucesso, caso contrário é impresso na tela o status do erro. Vamos ver se vai funcionar, veja a figura 19.

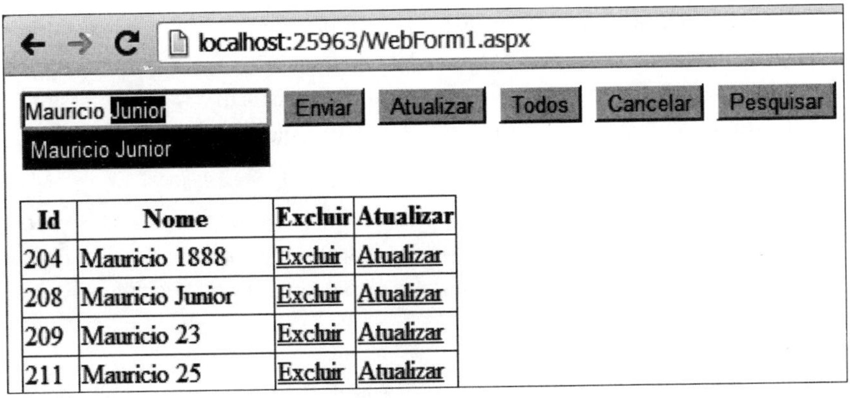

Figura 19 – Alterando dados

Note que o dado "Mauricio 22" foi alterado para "Mauricio Junior" sem qualquer problema, pois o GridView mostra que o Id 208 foi atualizado sem qualquer problema.

Dando continuidade ao projeto, criaremos uma rotina personalizada para buscar dados no banco de dados pelo Web API do tipo REST. Customizaremos as pesquisas no Visual Studio, um pouco diferente do que já foi desenvolvido na hora de gerar as classes em capítulos anteriores. Note que a ferramenta não criou pesquisas feitas com Like. É importante entender que, além dos métodos triviais, PUT, DELETE e GET, existe a possibilidade de criarmos outros usando outros nomes na assinatura do método.

Esse método que vamos criar fica disponível para ser chamado por outras aplicações sem qualquer problema. Pode ser chamado até pela própria aplicação que está usando a tecnologia. A assinatura do método faz com que a busca de um modo geral passe parâmetros como "?" interrogação e "&" e comercial. Vamos criá-lo dentro da classe "controller" para determinado contexto para que o método some valores. O método recebe dois parâmetros do tipo "Int" e retorna um do tipo "Int32". Como ele não é um padrão do Web API, coloquei o nome de GetUsuariosByIdade. Veja a listagem 16.

Listagem 16 – Criando um método que soma valores

```
public Int32 GetUsuariosByIdade(int idade, int soma)
{
    return idade + soma;
}
```

Como esse método está no contexto de usuário, para acessá-lo basta digitar o endereço api/usuario/?idade=10&soma=10. Note que o nome do método não é necessário, apenas os parâmetros com os nomes iguais. Em resumo, é assim que funciona quando criamos algum método que não é padrão.

Outro exemplo é a busca pelo nome da pessoa. Por padrão, a busca de forma geral ocorre sem a passagem de parâmetros, por exemplo: GetUsuarios(). Caso queira pegar um usuário pelo nome passando o parâmetro, é necessário gerar outro método. A listagem 17 mostra como buscar os usuários pelo nome usando LINQ.

Listagem 17 – Buscando os usuários pelo nome

```
public IEnumerable<Usuario> GetUsuarioByName(string name)
  {
    var usuario = db.Usuarios.Where(x => x.Nome.Contains(name)).AsEnumerable();
    if(usuario == null)
       throw new
HttpResponseException(Request.CreateResponse(HttpStatusCode.NotFound));

    return usuario;
       }
```

Note que, na listagem 17, o nome do método GetUsuarioByName recebe um parâmetro do tipo "string" chamado "name". Na primeira linha do método, o lugar "where" em que o campo "Nome" contém o valor da variável "name" é buscado na tabela de usuários. Isso significa que, se a variável "name" tiver o valor de "Mau" e retornar todos os nomes que começam ou terminam com esse valor, depois os dados serão armazenados na variável usuario, a qual é verificada logo em seguida. Se o valor for igual a null, faz com que um erro retorne. No final do método, o comando "return usuario" retorna os dados do tipo "IEnumerable <Usuario>".

Para acessar esse método via browser ou no momento de consumir usando qualquer linguagem de programação, é necessário chamar o endereço que segue na listagem 18:

Listagem 18 – Endereço do método

```
"api/usuario/?name=valor". Seguindo o nosso exemplo citado, seria: "api/
usuario/?name=Mau".
```

Uma dica importante é não colocar os parâmetros com o mesmo nome, assim você pode criar vários métodos sem qualquer problema de conflito. Isso porque os métodos são identificados pelos parâmetros passados. Veja o resultado da pesquisa na figura 20.

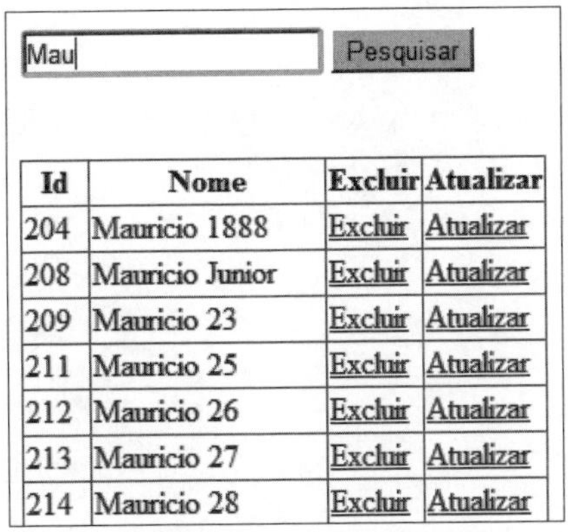

Id	Nome	Excluir	Atualizar
204	Mauricio 1888	Excluir	Atualizar
208	Mauricio Junior	Excluir	Atualizar
209	Mauricio 23	Excluir	Atualizar
211	Mauricio 25	Excluir	Atualizar
212	Mauricio 26	Excluir	Atualizar
213	Mauricio 27	Excluir	Atualizar
214	Mauricio 28	Excluir	Atualizar

Figura 20 – Pesquisando nomes

A pesquisa é realizada quando o usuário digita o valor no campo e clica no botão pesquisar. A listagem 19 mostra o que foi feito no botão pesquisar para consumir o método usando parâmetros.

Listagem 19 – Consumindo os dados por parâmetro

```
protected void cmdPesquisar_Click(object sender, EventArgs e)
    {
        System.Net.Http.HttpResponseMessage response = client.GetAsync("api/
usuario/?name=" + txtNome.Text).Result;
        if (response.IsSuccessStatusCode)
        {
            usuariosUri = response.Headers.Location;
            var usuarios = response.Content.ReadAsAsync<IEnumerable<User>>().Result;

            GridView1.DataSource = usuarios;
            GridView1.DataBind();
        }
        else
            Response.Write(response.StatusCode.ToString() + " - " + response.
            ReasonPhrase);
    }
```

CAPÍTULO 05

Web API – Retornando Vários Dados de Tabelas Diferentes

Dando continuidade, explicarei a geração de Web API do tipo REST usando a ferramenta da Microsoft. Essa geração não é convencional e eu acabo utilizando-a em alguns casos específicos, pois eu preciso de dados retornados de mais de uma tabela ao mesmo tempo com uma relação interessante.

Como todos sabem, o projeto Web API basicamente retorna dados de uma tabela e, se você quiser acessar outra correlacionada, é necessário acessar outros métodos passando parâmetros. Estando acostumado a fazer consultas grandes para buscar dados em várias tabelas, e não encontrando muita informação em minhas pesquisas, houve a necessidade de criar uma nova maneira. Foi então que criei uma nova classe com os dados necessários.

Vamos gerar classes de GET e SET comum e que tinham apenas as propriedades do SELECT dentro do método na "Controller". As propriedades GET e SET estão dentro da Model. Veja a listagem 1.

Listagem 1 – Declarando get e set

```
public class ContaEValor
    {
        [Key]
        public Int64 IdConta { get; set; }
        public String DescricaoConta { get; set; }
        public String Tipo { get; set; }
        public Double? Valor { get; set; }
    }
```

Lembre-se que o intuito de criar uma classe assim é não haver a necessidade de realizar várias consultas no Web API, e com apenas uma consulta para retornar todos os valores dos quais preciso. Essa foi uma solução que criei para retornar o que eu quero.

Gerei a controller utilizando os padrões da ferramenta depois de gerar a classe com GET e SET. Clicando com o botão direito do mouse em cima da pasta chamada "Controller", depois no submenu Add e então "Controller...". É importante compilar seu projeto todo antes de gerar essa controller ok. Veja a figura 1.

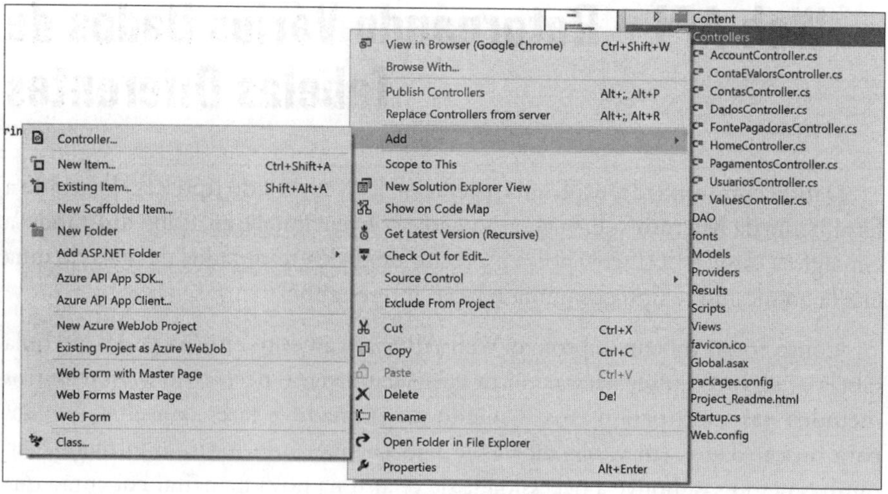

Figura 1 – Criando Controller

Depois de clicar no submenu "Controller", aparece outra tela para escolher o tipo de Scaffold, um ajudante para gerar classe e métodos utilizando Entity Framework e actions. Note que a opção selecionada na figura 2 é a versão Web API 2. Ao lado direito da imagem, há uma breve explicação sobre esse tipo de controller. Essa opção cria uma controller com ações REST para criar, ler, atualizar, deletar e listar entidades baseado no contexto do Entity Framework para dados. Veja a figura 2.

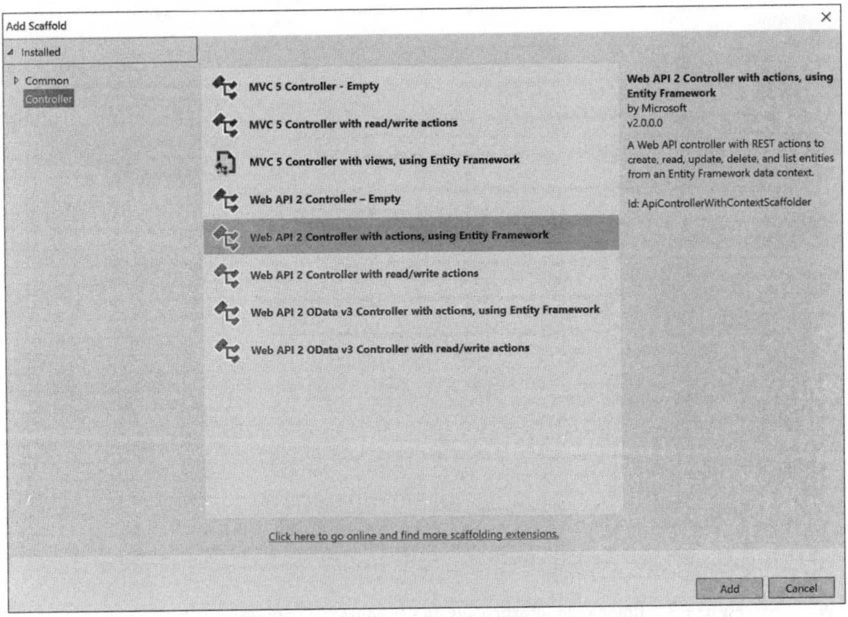

Figura 2 – Utilizando Scaffold para gerar métodos

Ao clicar no botão Add no final da figura 2, outra tela solicitando informações para gerar métodos e classe baseado no contexto será aberta. O nome da controller está baseada na classe model. Veja a figura 3.

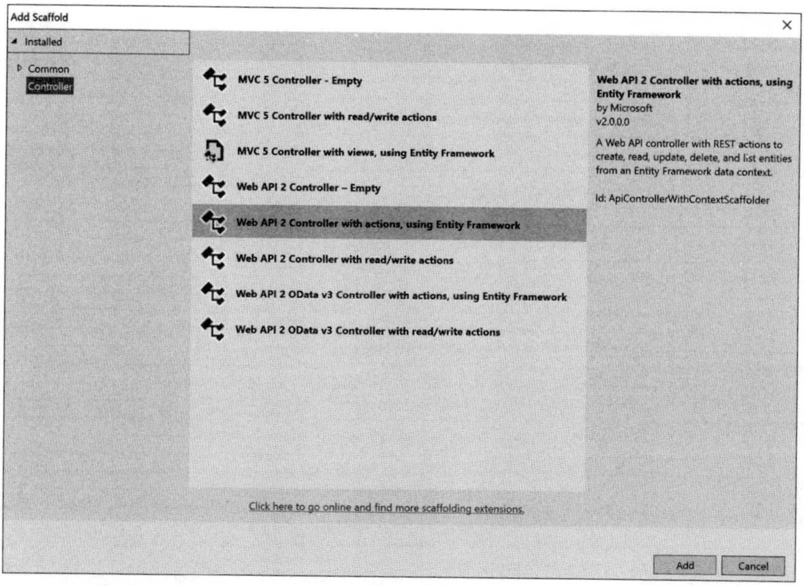

Figura 3 – Colocando informações de configuração para gerar a Controller

A ferramenta Visual Studio gera no final uma classe "Controller" com vários métodos prontos e simples como o CRUD. Os métodos foram gerados, veja a listagem 2.

Listagem 2 – CRUD completo gerado

```
// GET: api/Contas
public IQueryable<Conta> GetConta()
{
    return db.Conta;
}

// GET: api/Contas/5
[ResponseType(typeof(Conta))]
public IHttpActionResult GetConta(long id)
{
    Conta conta = db.Conta.Find(id);
    if (conta == null)
    {
        return NotFound();
    }

    return Ok(conta);
}

// PUT: api/Contas/5
[ResponseType(typeof(void))]
public IHttpActionResult PutConta(long id, Conta conta)
{
```

```
            if (!ModelState.IsValid)
            {
                return BadRequest(ModelState);
            }

            if (id != conta.IdConta)
            {
                return BadRequest();
            }

            db.Entry(conta).State = EntityState.Modified;

            try
            {
                db.SaveChanges();
            }
            catch (DbUpdateConcurrencyException)
            {
                if (!ContaExists(id))
                {
                    return NotFound();
                }
                else
                {
                    throw;
                }
            }

            return StatusCode(HttpStatusCode.NoContent);
        }
        // POST: api/Contas
        [ResponseType(typeof(Conta))]
        public IHttpActionResult PostConta(Conta conta)
        {
            if (!ModelState.IsValid)
            {
                return BadRequest(ModelState);
            }

            db.Conta.Add(conta);
            db.SaveChanges();

            return CreatedAtRoute("DefaultApi", new { id = conta.IdConta }, conta);
        }

        // DELETE: api/Contas/5
        [ResponseType(typeof(Conta))]
        public IHttpActionResult DeleteConta(long id)
        {
            Conta conta = db.Conta.Find(id);
            if (conta == null)
            {
                return NotFound();
            }

            db.Conta.Remove(conta);
            db.SaveChanges();

            return Ok(conta);
        }

        protected override void Dispose(bool disposing)
        {
```

```
            if (disposing)
            {
                db.Dispose();
            }
            base.Dispose(disposing);
        }

        private bool ContaExists(long id)
        {
            return db.Conta.Count(e => e.IdConta == id) > 0;
        }
```

Lembre-se que este documento não foca no uso desse CRUD, portanto criaremos outro método que busca em mais de uma tabela usando INNER ou LEFT JOIN passando um ID. A listagem 3 mostra um método que retorna o tipo IEnumerable<ContaEValor> da classe GET e SET ContaEValor criado anteriormente. O único parâmetro de entrada é o Id do usuário, por exemplo. Note que a primeira linha gera uma rota para acesso do Web API usando o comando Route. Veja também o SELECT com LEFT JOIN passando parâmetro e retornando a classe preenchida. O LEFT JOIN serve para pegar os dados das duas tabelas, mesmo que não existam na outra tabela relacionada.

Listagem 3 – Método com LEFT JOIN

```
[Route("api/ContaEValorsZerada/{id}")]
public IEnumerable<ContaEValor> GetContaEValorZerada(string id)
{
    StringBuilder str = new StringBuilder();
    str.Append(@"
            SELECT
                    Conta.IdConta,
                    Conta.DescricaoConta,
                    Dados.Tipo,
                    Dados.Valor
            FROM
                    Conta
                        LEFT JOIN Dados ON Dados.IdConta = Conta.IdConta
                    WHERE Conta.IdUsuario=@idUsuario ");

    IDataParameter idUs = new SqlParameter();
    idUs.DbType = DbType.Int64;
    idUs.ParameterName = "@idUsuario";
    idUs.Value = int.Parse(id);
    idUs.SourceColumn = "IdUsuario";
    var resultado = db.Database.SqlQuery<ContaEValor>(str.ToString(),
        idUs).AsEnumerable();

    if (resultado == null)
      return null;

    return resultado;
}
```

O SqlQuery é do Entity Framework criado pela Microsoft e mantido tanto pela comunidade MVP quanto pela própria Microsoft. Com tudo isso, você consegue criar várias classes específicas com GET e SET para trazer apenas os dados que deseja em um SELECT qualquer. Você usa o SQL personalizado do seu jeito para o retorno dos dados. Retornando os dados exatos, aqueles que evitam buscar mais de uma vez reduzem o REQUEST, o custo do servidor e o tempo que o usuário fica esperando para ver os dados.

Eu já participei de projetos nos quais o desenvolvedor utilizava o padrão Java e precisava fazer uma consulta que não retornava tudo e, para buscar tudo, precisava fazer duas ou três requisições no Web API / Web Service. O custo aumenta muito para o servidor e para a empresa. Além disso, custa mais no consumo do 4G ou 3G do celular do cliente. Fique de olho nisso e realmente se preocupe com esse tipo de coisa.

CAPÍTULO 06
Aprofundando Mais

Continuando, vamos falar de forma mais profunda sobre o Web API utilizando a ferramenta Visual Studio da Microsoft e a linguagem C#. Todos que trabalham com tecnologia sabem da importância da tecnologia Web Service para comunicação entre sistemas e diferentes plataformas, incluindo *mobile*.

Web API é o nome que a Microsoft criou para a fácil criação de Web Service no formato REST que retorna um JSon ou XML, dependendo do tipo de solicitação. Em tecnologias antigas, a Microsoft utilizava apenas o SOAP ou o WSDL para gerar Web Service com retorno XML, mas isso mudou desde o MVC e a nova ferramenta. Esse é um resumo, caso queira saber mais, consulte os livros de minha autoria, nos quais você encontrará a história e o funcionamento de cada um. Eles podem ser encontrados nos sites `www.mauriciojunior.org` e `www.lcm.com.br`.

Importantes assuntos a serem aprendidos são a criação de vários tipos de métodos dentro do código-fonte e a adição de uma rota específica. Você pode também misturar o "EntityFramework" com SELECT normal dentro do banco de dados. O "EntityFramework" foi criado pela Microsoft para facilitar a conexão com o banco de dados, e não necessita de muito código para buscar, inserir, deletar e atualizar os dados que estão dentro do Oracle, SQL Server e outros tipos de bancos. Depois de criar um novo método, basta colocar a listagem 1 no topo.

Listagem 1 – Gerando rota de acesso para o método

```
[Route("api/Disciplinas/Nome{nome}")]
public IHttpActionResult GetDisciplinas(string nome)
```

Note que o parâmetro {nome} na rota do método quer dizer que é necessário passar esse dado para que o sistema busque pelo nome da maneira correta. A assinatura do método mostra o parâmetro (string nome) recebido pela URL e por ele é feita a busca em um banco de dados, arquivo de configuração, texto ou qualquer outra fonte de dados.

Caso a rota não seja colocada na primeira linha do método, basta acessar o Help do sistema, o qual mostrará a assinatura de acordo com a listagem 2.

Listagem 2 – Acessando um método sem rota

```
GetDisciplinas?nome={nome}
```

Muitos não sabem disso, mesmo assim fica muito fácil atribuir rotas ou acesso a métodos que não têm rotas. Esses são pequenos exemplos necessários para acessar os métodos públicos. Os métodos internos não precisam ser públicos, dessa forma, não aparecem para o acesso pelo usuário ou desenvolvedor.

O teste do método é bem diferente do antigo Web Service SOAP, cuja ferramenta deixava testar localmente, mas para o REST é necessário usar algum cliente ou então consumir os dados chamando de outro programa de software. Podemos usar o "browser" ou então baixar um plugin no Chrome chamado **Advanced REST Client** e lá podemos informar os parâmetros de entrada, URL, etc.

Usando Like e SELECT

Continuaremos a abordagem sobre métodos usando SELECT e LIKE, dois comandos importantes que o banco de dados utiliza na busca de dados usando nomes em vez de chaves primeiras ou estrangeiras. Basicamente, servem para buscar algum valor utilizando nomes ou pedaços de nomes como inicial, meio ou fim.

Há duas maneiras de fazer isso, a primeira utilizando o EntityFramework e a outra o comando normal para enviar ao banco de dados.

Segue um resumo com uma explicação linha por linha na listagem 3.

Listagem 3 – Select com EntityFramework

```
[Route("api/Disciplinas/byNome/{nome}")]
public IQueryable<Disciplinas> GetDisciplinasByNome(string nome)
{
   return db.Disciplinas.Where(e => e.NomeDisc.Contains(nome));
}
```

Como já explicado, o EntityFramework facilita muito o trabalho e ajuda na economia de tempo no caso de pouco entendimento de SQL. O método é público e retorna uma Query da classe chamada Disciplinas. Ele recebe como parâmetro de entrada apenas uma string chamada nome. A variável db é a classe de conexão com o banco de dados. Existem propriedades dentro dela, como a entidade Disciplinas, e, no caso dela, basta colocar o ponto e adicionar o Where. Para finalizar, coloque o nome da propriedade vinculada. No nosso caso é o "NomeDisc", que chama o método "Contains". Ele já faz o LIKE internamente pra você. Vamos ver o mesmo método sendo utilizado de outra maneira na listagem 4.

Listagem 4 – Select utilizando o comando LIKE

```
[Route("api/Disciplinas/Nome/{nome}")]
public IHttpActionResult GetDisciplinas(string nome)
{
StringBuilder str = new StringBuilder();
str.Append(@"SELECT IdDisc, NomeDisc FROM Disciplinas WHERE NomeDisc LIKE @nome ");

IDataParameter parameter = new SqlParameter();
parameter.DbType = DbType.String;
parameter.ParameterName = "@nome";
parameter.Value = '%' + nome + '%';

var resultado = db.Database.SqlQuery<Disciplinas>(str.ToString(), parameter).
ToList();

if (resultado == null)
    return NotFound();

return Ok(resultado);
}
```

O método já começa um pouco diferente. É público mas retorna o tipo IHttpActionResult em vez de uma Query. O parâmetro de entrada é uma "string" simples e depois já começa a criar o comando SELECT. O comando possui os campos de retorno, tabela e condição WHERE com LIKE. O @nome é o parâmetro que vai receber o valor passado pelo usuário. As próximas linhas são específicas para informar o tipo nome e valor. O valor deve possuir o símbolo de porcento % antes e depois para buscar no meio, início e fim de qualquer palavra. O comando LIKE funciona com porcento e existe uma regra: se você colocar o % no início, o banco de dados vai buscar pelo final do valor, se colocar no final, ele vai buscar pelo início do valor e, se colocar no início e no fim, ele vai buscar pelo início, fim e meio.

Para que o comando seja passado para o banco de dados, utilize o SQLQuery e transforme-o para ToList.

O resultado final são os dados retornados do banco de dados. Funciona que é uma beleza.

Fazendo Post

Neste capítulo, veremos como consumir o Web API criado anteriormente. Sabemos que a ferramenta Visual Studio ajuda muito na criação de Web API, principalmente quando você usa o "Framework" Entity que a própria Microsoft fez. Basta fazer alguns passos, configurar algumas coisas e pronto, a ferramenta cria tudo pra você com alguns cliques.

Tudo funciona muito bem até o momento de consumir o Web API. Muito desenvolvedor se confude com a palavra "consumir". Todo Web API é um serviço que fica esperando alguém solicitar alguma requisição, como busca, inserção, deleção e até mesmo atualização de dados. Esse "alguém" pode ser um web site, um sistema móvel, tablets e outros aplicativos normais que chama o Web API.

A seguir, mostraremos como consumir esses dados, o que você precisa importar em seu projeto e como empacotar os dados para enviá-los ao Web API de forma correta usando a linguagem C# e plataforma ASP.NET.

O primeiro passo é a importação de frameworks para dentro do seu projeto. Todos eles foram feitos para nos ajudar.

Listagem 5 – Importação de frameworks

```
using System.Net.Http;
using System.Threading.Tasks;
using Newtonsoft.Json;
```

A listagem 5 mostra os "framework" necessários para trabalhar com consumo de Web API dentro do seu projeto. Se você não tem os "frameworks" em seu projeto, as imagens podem te ajudar. Para adicionar pacotes, basta clicar com o botão direito em cima da pasta References e depois escolher o submenu chamado Manage NuGet Packages... Veja a figura 1.

Figura 1 – Adicionando Pacotes

Depois aparece uma tela para você pesquisar todos os pacotes disponíveis e atualizados. A lista de pacotes pode ser baixada naturalmente com apenas uma uisa ao lado direito da tela. Pesquise por Json e clique duas vezes para instalá-lo em seu projeto. Veja a figura 2.

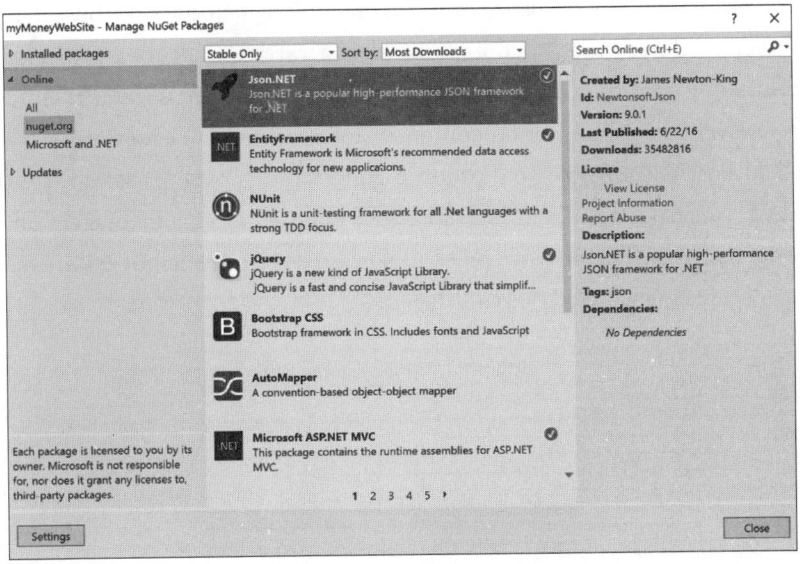

Figura 2 – Lista de pacotes

Procure pelos 3 pacotes se você não tiver no projeto. A instalação é simples e não há necessidade de reiniciar o projeto.

Vamos ver o código para consumir o Web API passo a passo. A listagem 6 mostra um método específico para criar a base da classe HttpClient com o endereço URI do servidor. O método mostra também que o tipo no cabeçalho é o Application/Json.

Listagem 6 – Criando endereço base para o HTTPClient

```
public static HttpClient getClient()
{
    HttpClient client = new HttpClient();
    client.BaseAddress = new Uri(ConstantesUteis.ENDERECO_SERVIDOR);
                             client.DefaultRequestHeaders.Accept.Add(new
System.Net.Http.Headers.MediaTypeWithQualityHeaderValue("application/json"));

    return client;
}
```

Depois basta criar um formulário para preenchimento do usuário. Os dados precisam ser passados para o endereço Web API com os valores a serem inseridos no banco de dados. O meu Web API é responsável por toda conexão com o banco de dados: inserir, deletar, buscar e atualizar os dados.

Na primeira linha da listagem 7, chamamos o método para buscar a base do endereço do servidor. Depois utilizamos a variável "client" em diversos locais. Então é necessário preencher os dados para envio ao Web API. Adicionei uma variável chamada "_conta" com os dados necessários. Depois disso, criamos o "client.PostAsJsonAsync" indicando o endereço de post e passando os valores criados. Se a resposta for bem sucedida, você pode exibir uma mensagem ou redirecionar para a página que você precisa. No caso de erro, podemos exibir o código de erro e a razão pelo erro. Veja a listagem 7.

Listagem 7 – Envio de formulário

```
protected void cmdEnviar_Click(object sender, EventArgs e)
{
    //pega o client server
    var client = HttpClientRequest.getClient();

    //preenche os dados
    var _conta = new Conta()
    {
        DescricaoConta = txtDescricao.Text,
        IdUsuario = int.Parse(Session["MONEY_IDUSUARIO"].ToString())
    };

                    System.Net.Http.HttpResponseMessage response =
client.GetAsync(ConstantesUteis.POST_CONTA).Result;
    response = client.PostAsJsonAsync(ConstantesUteis.POST_CONTA, _conta).Result;
    Uri envioUri = response.Headers.Location;

    if (response.IsSuccessStatusCode)
    {
        Response.Redirect("AddContas?guid=" + Guid.NewGuid() + "&id=sucesso");
    }
    else
            Response.Write(response.StatusCode.ToString() + " - " +
response.ReasonPhrase.ToString());
}
```

Agora postar Web API ficou mais simples.

Fazendo Delete

Dando continuidade, mostrarei como consumir o Web API criado em momentos anteriores. Como você já deve saber, o Web API é muito importante, principalmente para você que deseja que o software funcione em mais de uma plataforma e ao mesmo tempo, porque você acaba fazendo apenas uma vez ao invés de várias, isso significa reaproveitamento de código em desenvolvimento de software.

Em momentos anteriores, aprendemos a buscar os dados com Get, inserir com Post e agora vamos aprender como fazer o delete com Delete do Web API. Esse é um consumo do Web API / Web Service por um aplicativo ou site externo, ou seja, depois de criarmos todos os métodos do Web API, criamos outro site para consumir os dados do banco de dados pelo Web API. O delete é bem simples, talvez o mais simples para consumir os dados.

O exemplo aqui é o preenchimento dos dados no GridView e depois a deleção dos dados com o clique do usuário. O primeiro passo é gerar um método responsável por identificar o endereço base do Web API. Vamos utilizar a classe HttpClient e depois gerar uma Uri indicando o endereço do servidor por meio de uma constante para colocar o cabeçalho do tipo Application/JSon). Veja a listagem 8.

Listagem 8 – Gerando método com endereço base

```
public static HttpClient getClient()
  {
    HttpClient client = new HttpClient();
    client.BaseAddress = new Uri(ConstantesUteis.ENDERECO_SERVIDOR);
                              client.DefaultRequestHeaders.Accept.Add(new
System.Net.Http.Headers.MediaTypeWithQualityHeaderValue("application/json"));

    return client;
  }
```

Antes de deletar, é necessário saber quais valores existem dentro do objeto. O objeto nesse caso é o GridView responsável por listar e mostrar os dados para o usuário. A listagem 9 mostra como preencher.

Listagem 9 – Preenchendo o GridView

```
private void preencherGridView()
     {
        var client = HttpClientRequest.getClient();

                              System.Net.Http.HttpResponseMessage
response = client.GetAsync(ConstantesUteis.GET_CONTA_BY_USUARIO +
```

```
Session["MONEY_IDUSUARIO"].ToString()).Result;
        Uri envioUri = response.Headers.Location;

        if (response.IsSuccessStatusCode)
        {
          var _contas = response.Content.ReadAsAsync<IEnumerable<Conta>>().Result;

          grdContas.DataSource = _contas;
          grdContas.DataBind();
        }
    }
```

O GridView na parte HTML precisa de algumas propriedades, como DataKeyNames e OnRowDeleting. O OnRowDeleting gera um método que pode ser acessado no momento do click do usuário. É necessário colocar um CommandField ButtonType com o nome Delete que busca direto no método dentro do código C#. Veja a listagem 10.

Listagem 10 – GridView HTML

```
<asp:GridView runat="server" ID="grdContas" DataKeyNames="IdConta" AllowPaging="true"
            Width="100%" PageSize="50" GridLines="None"
AutoGenerateColumns="false" OnRowDeleting="grdContas_RowDeleting">
          <AlternatingRowStyle BackColor="#f1f1f1" />
          <HeaderStyle BackColor="#cccccc" />
          <Columns>
             <asp:BoundField DataField="IdConta" HeaderText="Id" />
            <asp:BoundField DataField="DescricaoConta" HeaderText="Nome da Conta" />
                        <asp:CommandField ButtonType="Button"
CancelText="Cancelar" DeleteText="Deletar" ShowDeleteButton="true" HeaderText="Deletar" />
          </Columns>
          </asp:GridView>
```

O método delete chamado grdContas_RowDeleting é composto pelo nome do objeto grdContas mais o nome RowDeleting colocado na pasta HTML do objeto. Na primeira linha do código, pega-se a chave daquela linha específica clicada. Para isso, é importante utilizar o DataKeys e o RowIndex. Com a chave, basta chamar o web service passando o valor. Depois de pegar a chave, basta chamar o cliente e o método DeleteAsync passando os valores necessários e pegando o response como resposta. Se o código for bem sucedido, basta chamar o método privado responsável por preencher o GridView novamente. Veja a listagem 11.

Listagem 11 – Método delete

```
protected void grdContas_RowDeleting(object sender, GridViewDeleteEventArgs e)
    {
        //pegando o valor selecionado no grid
        string _IdConta = this.grdContas.DataKeys[e.RowIndex]["IdConta"].ToString();

        var client = HttpClientRequest.getClient();

        System.Net.Http.HttpResponseMessage response = client.
DeleteAsync(ConstantesUteis.GET_CONTA_ID + _IdConta).Result;
        Uri envioUri = response.Headers.Location;

        if (response.IsSuccessStatusCode)
        {
            preencherGridView();
        }
    }
```

Bom, esse método é muito importante para deletar os dados que estão dentro do banco de dados por meio de uma Web API criada com o framework da Microsoft. Espero que tenha gostado e que seu exemplo funcione igual ao meu.

Fazendo PUT / Atualização

Continuando, falarei sobre como editar o dado do GridView simplesmente usando o Web Service com REST Json. Lembre-se que o Web API já está pronto e funcionando e agora vamos consumir os dados por um site web feito em ASP. NET. Os dados estão vindo do Web API para preencher o componente GridView e a ideia principal é editar algum dado já preenchido.

O problema é atualizar os dados e, para isso, precisamos colocar um botão Editar e um campo escondido do tipo Hidden. O campo escondido serve para armazenar o identificador buscado do banco de dados. Esse campo fica sempre escondido e serve para ajudar o sistema com as variáveis temporárias. O botão Editar precisa ficar invisível e aparecer apenas quando o usuário clicar em Editar dentro do GridView. Note que na listagem 1 existe a propriedade ValidationGroup em alguns objetos da tela, isso porque há a necessidade de fazer a validação dos dados no momento que o usuário os inserir. Conseguiremos informar quais campos e objetos serão validados no clique ou na saída de foco. A listagem 12 mostra o HTML da página.

Listagem 12 – HTML da página

```
<asp:HiddenField ID="hdIdConta" runat="server" />
<div class="col-md-6">
        <h2>Contas</h2>
        <p>
            <asp:TextBox runat="server" CssClass="form-control"
ID="txtDescricao" placeholder="Digite o título." ValidationGroup="form"/>
            <asp:RequiredFieldValidator ErrorMessage="Digite uma descrição."
ValidationGroup="form" Display="Dynamic" ForeColor="Red" ControlToValidate="txtD
escricao" runat="server" />
        </p>
        <p>
            <asp:Button Text="Editar" ID="cmdEditar" CssClass="btn btn-
primary btn-lg" OnClick="cmdEditar_Click" ValidationGroup="form" Visible="false"
runat="server" />
            <asp:Button Text="Adicionar" ID="cmdEnviar" CssClass="btn btn-
primary btn-lg" runat="server" OnClick="cmdEnviar_Click" ValidationGroup="form" />
            <asp:Button Text="Limpar" ID="cmdLimpar" CssClass="btn btn-
primary btn-lg" OnClick="cmdLimpar_Click" runat="server" />
            <asp:ValidationSummary runat="server" ValidationGroup="form"
Visible="false" />
        </p>
    </div>
```

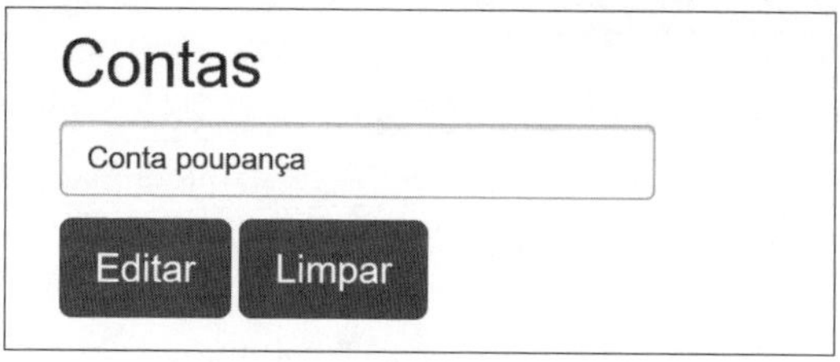

Figura 3 – Mostrando formulário

O próximo passo é preencher o GridView criado anteriormente e, com a propriedade chamada OnRowCommand, vamos pegar os dados para edição. O objeto consequentemente gera o método chamado grdContas_RowCommand na parte do código C#. Esse método faz com que o nome do comando seja pego e os valores do Grid sejam enviados para os campos. Como todos os dados que precisamos já estão no GridView, não há a necessidade de pesquisar no banco de dados novamente. Muitas vezes existe necessidade de passar o identificador para pesquisar no banco de dados novamente e depois atribuir os valores aos objetos da tela, mas não no nosso caso. Sem precisar buscar os dados novamente, a interação fica bem mais rápida para o usuário.

É necessário colocar mais uma linha de código dentro do objeto GridView e com comando chamado Editar. Essa linha é de um botão chamado ButtonField e com o CommandName igual a Editar. Ele será verificado para dar andamento à edição dos dados. Veja a listagem 13.

Listagem 13 – Objeto GridView

```
<asp:GridView runat="server" ID="grdContas" DataKeyNames="IdConta" AllowPaging="true"
Width="100%" PageSize="50" GridLines="None" AutoGenerateColumns="false"
OnRowDeleting="grdContas_RowDeleting" OnRowCommand="grdContas_RowCommand">
        <AlternatingRowStyle BackColor="#f1f1f1" />
        <HeaderStyle BackColor="#cccccc" />
        <Columns>
          <asp:BoundField DataField="IdConta" HeaderText="Id" />
          <asp:BoundField DataField="DescricaoConta" HeaderText="Nome da Conta" />
               <asp:CommandField ButtonType="Button" CancelText="Cancelar"
DeleteText="Deletar" ShowDeleteButton="true" HeaderText="Deletar" />
                 <asp:ButtonField ButtonType="Button" CommandName="Editar"
HeaderText="Editar" Text="Editar" />
        </Columns>
      </asp:GridView>
```

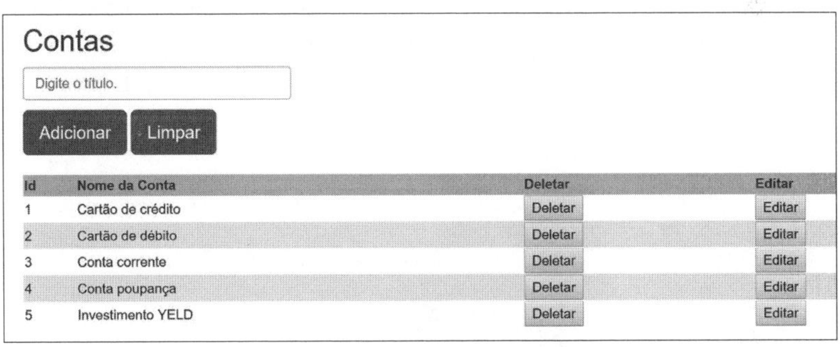

Figura 4 – Mostrando GridView

É muito importante entender o que foi feito na listagem 13 para dar sequência à listagem 14. O método RowCommand pode ser usado para qualquer tipo de operação necessária em sua aplicação. A primeira linha de código da listagem 14 verifica se o nome do comando é Editar e, em caso positivo, ele pega o index pelo comando de argumento e por fim busca a chave pelo DataKey. Com a chave na mão, basta pegar os dados e atribui-los para os objetos de tela. Foi necessário utilizar um script para transformar de HTML para texto plano porque o GridView deixa tudo com comandos HTML, por exemplo: % @&. No final precisamos colocar o botão de editar visível e o botão de enviar invisível. Veja a listagem 14.

Listagem 14 – Pegando os dados e colocando nos objetos de tela

```
protected void grdContas_RowCommand(object sender, GridViewCommandEventArgs e)
{
   if (e.CommandName == "Editar")
   {
      int index = int.Parse((string)e.CommandArgument);
      string chave = grdContas.DataKeys[index]["IdConta"].ToString();

      hdIdConta.Value = chave.ToString();
      txtDescricao.Text = HtmlToText.StripHTML(grdContas.Rows[index].Cells[1].
Text, true);

      cmdEditar.Visible = true;
      cmdEnviar.Visible = false;

   }
}
```

O botão de editar é o que vai comunicar com o Web API mandando os dados necessários para update ou atualização os dados. No Web API, o método responsável para atualização de dados é o PUT, não se esqueça disso. A primeira linha pega o client server, depois precisamos preencher todos os valores da classe Conta e, para finalizar, utilizamos o responseMessage chamando o endereço PUT passando a chave como parâmetro. O PUT precisa passar a chave como parâmetro na URL e dentro da classe Conta. É uma regra do PUT, basta verificar a documentação. Se a resposta vier positiva, basta mostrar uma mensagem para o usuário ou então redirecionar para uma página. No nosso caso, redirecionei para a mesma página passando parâmetros. Veja a listagem 15.

Listagem 15 – Atualizando os valores

```
protected void cmdEditar_Click(object sender, EventArgs e)
  {
      //pega o client server
      var client = HttpClientRequest.getClient();

      //preenche os dados
      var _conta = new Conta()
      {
         IdConta = int.Parse(hdIdConta.Value.ToString()),
         DescricaoConta = txtDescricao.Text,
         IdUsuario = int.Parse(Session["MONEY_IDUSUARIO"].ToString())
      };

      System.Net.Http.HttpResponseMessage response = client.
GetAsync(ConstantesUteis.PUT_CONTA + hdIdConta.Value).Result;
      response = client.PutAsJsonAsync(ConstantesUteis.PUT_CONTA + hdIdConta.
```

```
Value, _conta).Result;
        Uri envioUri = response.Headers.Location;

        if (response.IsSuccessStatusCode)
        {
            Response.Redirect("AddContas?guid=" + Guid.NewGuid() + "&id=editsucesso");
        }
        else
            Response.Write(response.StatusCode.ToString() + " - " + response.
ReasonPhrase.ToString());
    }
```

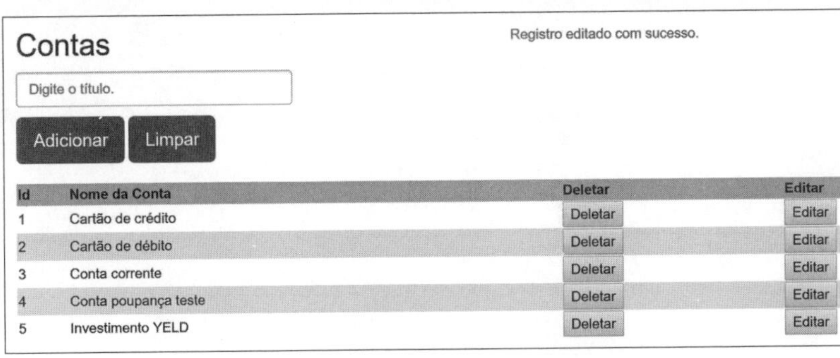

Figura 5 – Recebendo mensagem depois de editar

O objetivo desse capítulo foi mostrar passo a passo como atualizar informações no banco de dados por meio do consumo do Web API utilizando ASP.NET com a linguagem C#.

CAPÍTULO 07
MCV (Model View Controller)

Esta seção é dividida em cinco partes com o objetivo de ensinar passo a passo, desde a criação do primeiro web site todo em MVC até a parte de login, insert, delete, update e select.

1. Trata da criação do MVC, ferramenta de desenvolvimento e conexão com o banco de dados.
2. Trata da criação da lista, controller, tela e comunicação com o banco de dados.
3. Dou minha opinião pesssoal e trabalhamos com update e edit da tela.
4. Trata de delete e lista da página.
5. Trata de sistema de login com select de forma diferente, ou seja, sem usar LINQ.

Primeira Parte

Vou começar a falar e mostrar como trabalhar com MVC e "Entity Framework", com o qual pode-se criar um sistema ou site de forma fácil. O MVC é um padrão de desenvolvimento mundial. Como esse padrão é amplo e cada empresa de software criou o seu, faz-se necessário especificar que utilizaremos aquele baseado no padrão da Microsoft, "Model View Controller".

Para os exemplos, foram utilizadas as seguintes ferramentas:

FERRAMENTAS

- Ferramenta Visual Studio
- Banco de dados SQL Server
- Linguagem C#
- Tipo do projeto MVC ASP.NET

Antes de começar a mostrar o desenvolvimento, vou falar sobre o que fiz e qual foi a minha ideia. Lembrando que vou focar na prática mais do que na teoria.

A primeira coisa que você precisa saber quando for usar MVC é a criação do projeto. Esse tipo de projeto precisa ser pensado desde o início, porque o modo de fazer é totalmente diferente do tradicional ASPX.

A outra parte, não menos importante, é a comunicação com o banco de dados e, para isso, usei no exemplo o famoso "Entity Framework" criado pela Microsoft.

O "Entity" foi criado para ajudar o desenvolvedor a se conectar ao banco de dados e mandar instruções como INSERT, SELECT, UPDATE e DELETE de uma melhor maneira usando menos linhas de código.

Lembre-se o que falei anteriormente, cada empresa tem a sua maneira de construir e atuar com o MVC. Algumas não utilizam "Entity", porque fizeram o seu próprio "Framework" para se comunicar com o banco de dados. A Microsoft criou o jeito dela, a Sun criou o dela, a linguagem PHP tem o jeito dela e assim por diante. Você pode criar as classes que achar necessário, subdividir o projeto em vários e desconectar o sistema.

Desconectar as partes do sistema é muito importante para quem usa esse tipo de projeto. Em resumo, a parte que conecta no banco de dados tem que ser separada ou desconectada, pois, caso seja preciso mudar de banco, basta alterar as classes e tudo vai funcionar. Há outras maneiras de conectar dispositivos diversos sem a conexão com o banco dentro, basta chamar um "WebServices" ou "Web API".

Se você for fazer um projeto para web e outro para desktop que usa o mesmo banco de dados, não há a necessidade de recriar classes já criadas, basta reaproveitar as classes de controles e regras de negócio, mudando apenas o layout.

Para fazer os exemplos deste livro, é necessário baixar gratuitamente a ferramenta de desenvolvimento criada pela Microsoft, Visual Studio. Acesse o site `http://www.microsoft.com/visualstudio/ptb/downloads` e faça download do módulo "Express". Lá tem as ferramentas para desenvolvimento "Web", "Desktop", "Windows 8", "Windows Phone" e mais.

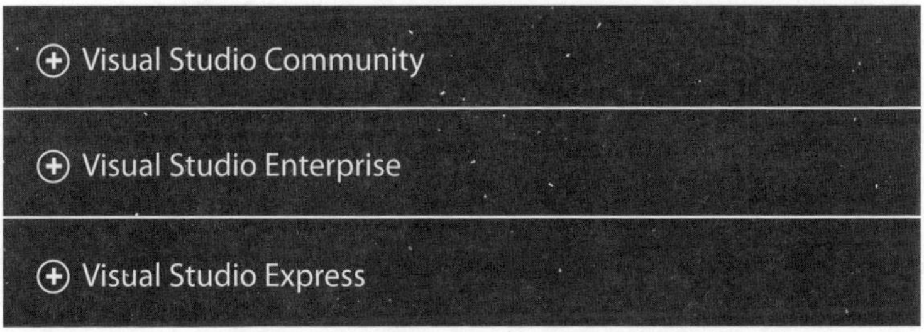

Figura 1 – Tipos de projeto – Fonte: Microsoft

O tipo de ferramenta que deve baixar está relacionada com a sua necessidade, para Web, para Windows 8, Phone e banco de dados.

Na prática

Se você faz parte de uma empresa que tem áreas separadas, como o DBA (responsável por criar banco de dados, criar tabelas, gerar informações, gerar "procedures"), o desenvolvedor (analista e criador de software para qualquer plataforma), o arquiteto de software, dentre outros, então você deve saber que o desenvolvedor não tem acesso à criação de tabelas.

Como desenvolvedor, você só começa a codificar depois que o banco de dados já está pronto. Vi muitos exemplos na Internet nos quais desenvolvedores fazem o banco de dados, e esta não é a nossa realidade ou não é assim que acontece no dia a dia. Mas nada te impede de criar um banco de dados no seu computador pessoal, basta saber que deve sempre começar pela documentação, esboço, ideia, banco de dados e código. O protótipo pode te ajudar também.

O exemplo aqui será mostrado como se o banco de dados já tivesse pronto e o desenvolvedor tivesse que fazer o software que grava as informações dentro dele, usando o SQL Server, criado também pela Microsoft. Veja a estrutura do nosso banco de dados na figura 2.

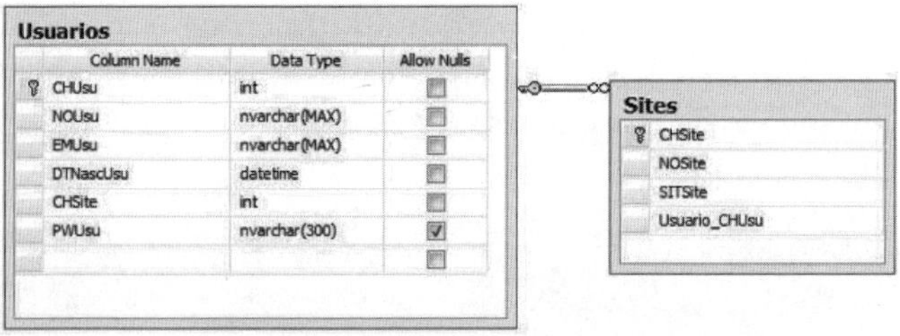

Figura 2 – Estrutura do banco de dados

As duas tabelas estão prontas e vinculadas. A tabela de usuários e a tabela de sites, uma ligada à outra pela chave primária e chave estrangeira.

Agora preciso criar um projeto do tipo MVC para conectar ao banco e inserir, alterar, excluir e selecionar valores. Clique em "File >> New >> Project", figura 3.

O primeiro passo é adicionar em seu projeto o EntityFramework.

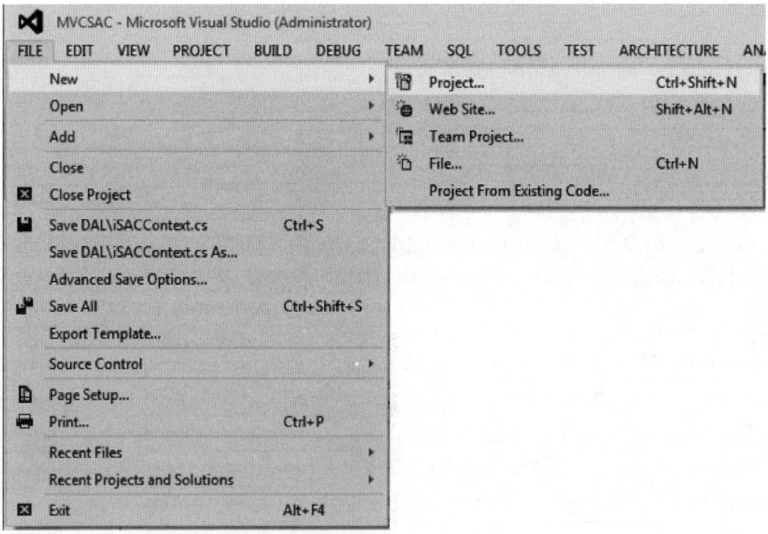

Figura 3 – Criando um projeto novo

O próximo passo é escolher a linguagem e o tipo do projeto, que no nosso caso é MVC. Veja a figura 4.

Na figura 4, a linguagem escolhida é a C# Web e o tipo de "template" escolhido é o "ASP.NET MVC 4 Web Application". Basta agora colocar o nome do projeto e clicar no botão OK.

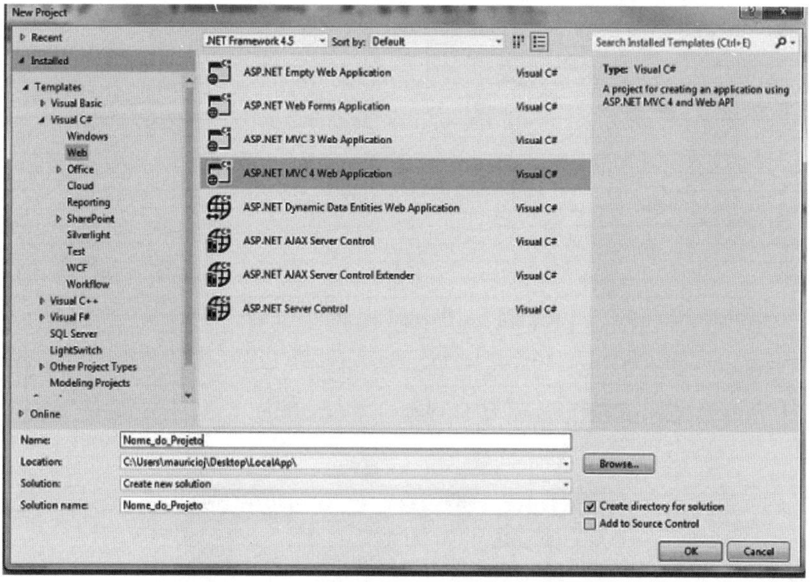

Figura 4 – Escolhendo a linguagem e o tipo de projeto

Depois de ter o projeto, saber o banco de dados e as tabelas, é necessário instalar o componente da Microsoft, responsável pelo "drive" de comunicação entre o sistema e o banco.

Há pessoas que fazem o seu próprio "Framework de dados" e outras que utilizam componentes prontos. No nosso caso, vamos utilizar o componente "Entity Framework" mencionado anteriormente. Clique com o botão direito em cima da pasta "References" e clique no menu "Manager NuGet Packages...". Procure por "Entity Framework" versão 5.0.0 e instale esse pacote.

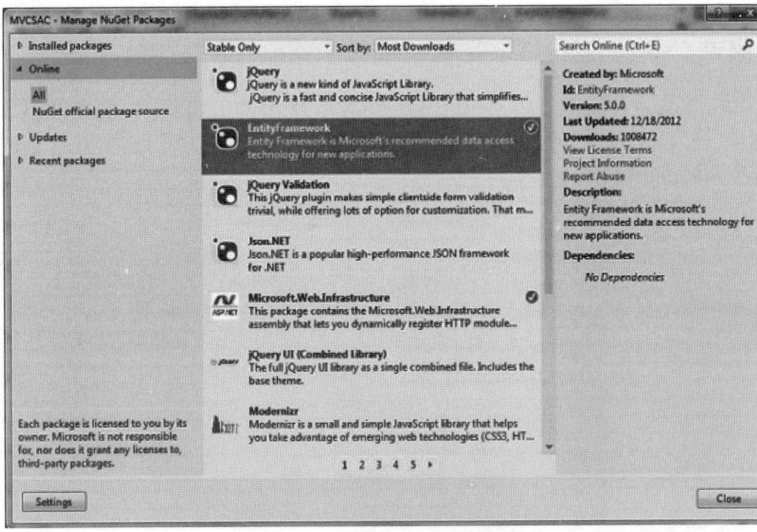

Figura 5 – Criando um projeto novo

O projeto "template" possui três pastas, "Controller, Models e Views", figura 6.

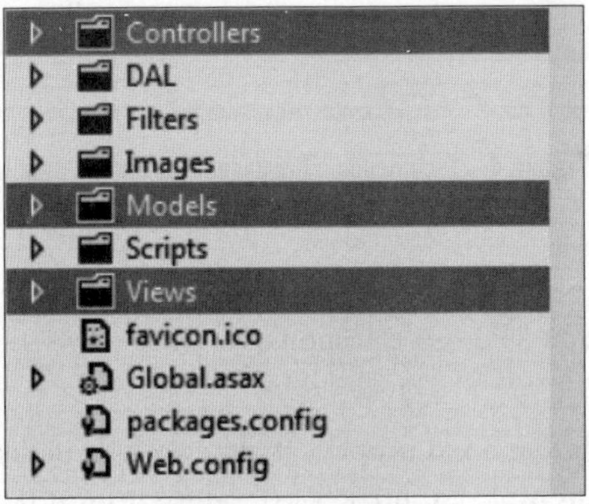

Figura 6 – Pastas MVC

O próximo passo é criar as classes de acordo com as tabelas do banco de dados. Se eu tenho uma tabela chamada Site, vou criar uma classe chamada Site.cs. Se tenho outra tabela chamada Usuario, vou criar uma classe chamada Usuario.cs e assim por diante. Isso deve acontecer dentro da pasta Model.

Clique com o botão direito do mouse em cima da pasta "Models", escolha a opção Add >> Class e coloque o nome Site.cs.

Listagem 1 — Classe Site

```
using System;
using System.Collections.Generic;
using System.Linq;
using System.Web;
using System.Data.Entity;
using System.ComponentModel.DataAnnotations;
using
System.ComponentModel.DataAnnotations.Schema;

namespace MVCSAC.Models
{
    public class Site
    {
        [Key]
        public int CHSite { get; set; }

        [Required(ErrorMessage=("Digite o nome do site."))]
        [Display(Name="Nome do Site")]
        public string NOSite { get; set; }

        [Required(ErrorMessage=("Digite a situação"))]
        [Display(Name="Situação")]
        public string SITSite { get; set; }
    }
}
```

Note que cada atributo possui "get e set", os quais vão se comunicar com o banco de dados. A chave da tabela é indicada dentro da classe, basta usar o comando "Key".

O comando "Required" indica que o atributo precisa ser preenchido e, se não for, a frase indicada aparecerá.

O comando "Display" é o nome que aparecerá para o usuário dentro da página, inibindo o nome do campo real para o usuário. Depois de criar a classe parecida com o banco de dados, vamos criar outra classe para conectar ao banco de dados. O nome deve ser o mesmo da conexão.

Crie uma classe de contexto chamada iSACContext.cs. Herde o "DbContext" do Entity e adicione a classe como tabela.

Listagem 2 – Classe de Conexão com o banco de dados

```
using System;
using System.Collections.Generic;
using System.Linq;
using System.Web;
using System.Data.Entity;
using MVCSAC.Models;

namespace MVCSAC.DAL
{
    public class iSACContext : DbContext
    {
        public DbSet<Site> Sites { get; set; }

        public iSACContext()
        {
           Database.SetInitializer<iSACContext>(null);
        }
    }
}
```

O DbSet<Site> serve para indicar a classe como uma tabela seguida do nome da variável Sites {get ; set;}.

Passando agora para o arquivo “Web.config”, o nome da conexão precisa ser o mesmo da classe de conexão.

Listagem 3 – Colocando a conexão dentro do Web.config

```
<connectionStrings>
    <add name="iSACContext" connectionString="Data Source=(local);Initial
Catalog=iSAC;Integrated Security=SSPI" providerName="System.Data.SqlClient" /></
connectionStrings>
```

A string de conexão contém primeiramente o nome e depois a “connectionString” com dados do servidor, banco de dados e “provider”.

Pronto, a conexão foi configurada e o sistema pode conectar-se ao banco sem qualquer problema. A próxima parte aborda a criação das classes e das operações de inserir, alterar, deletar, selecionar usando MVC.

Segunda Parte

Depois de criar uma classe de contexto chamada iSACContext.cs herdando de DbContext e as classes DAL com "get e set" correspondentes às tabelas do banco de dados, é necessário criar na classe Model os atributos correspondentes aos campos da tabela. Veja na listagem 4.

É uma tabela simples chamada Sites, a qual possui os atributos CHSite, NOSite e SITSite, a chave primária e o nome e a situação do site. Essa classe Site.cs foi criada na pasta Models do projeto. Esse é o primeiro passo a ser feito depois da conexão com o banco de dados.

Listagem 4 – Classe Site.cs dentro da pasta Models

```
using System;
using System.Collections.Generic;
using System.Linq;
using System.Web;
using System.Data.Entity;
using System.ComponentModel.DataAnnotations;
using System.ComponentModel.DataAnnotations.Schema;

namespace MVCSAC.Models
{
    public class Site
    {
        [Key]
        public int CHSite { get; set; }

        [Required(ErrorMessage=("Digite o nome do site."))]
        [Display(Name="Nome do Site")]
        public string NOSite { get; set; }

        [Required(ErrorMessage=("Digite a situação"))]
        [Display(Name="Situação")]
        public string SITSite { get; set; }

    }
}
```

Depois da "Model" criada, passamos para a "Controller", a qual fica em outra pasta, chamada "Controllers" no plural. A classe deve ser chamada com o mesmo prefixo e a palavra "controller", por exemplo: SiteController.cs.

Para criar, basta clicar com o botão direito em cima da pasta, escolher a opção "Add" e depois "Controller". Veja na figura 7.

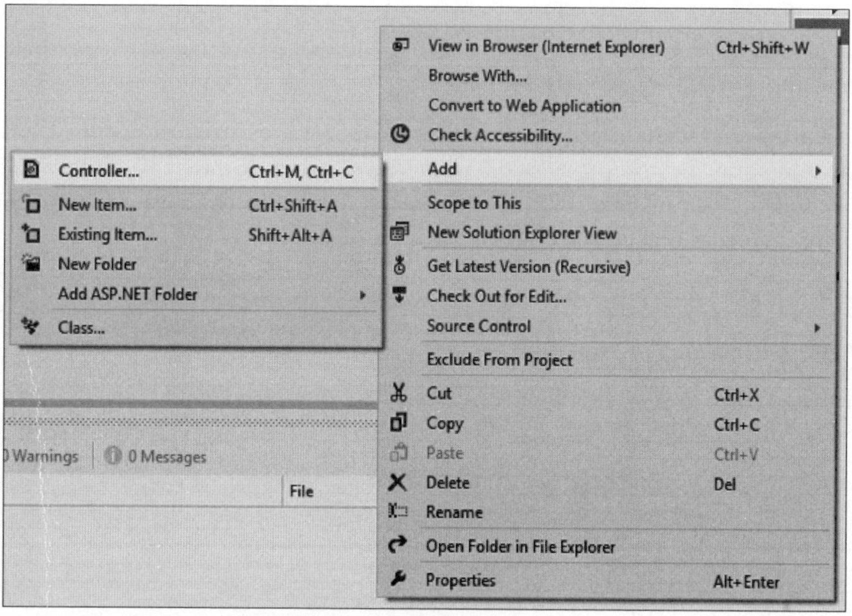

Figura 7 – Criando "Controller"

Clicando na opção "Controller" mostrada na figura 7, aparece outra tela para colocar o nome e escolher o tipo de "template" apropriado. Neste primeiro momento, escolheremos uma opção simples e vazia "empty". Veja a figura 8.

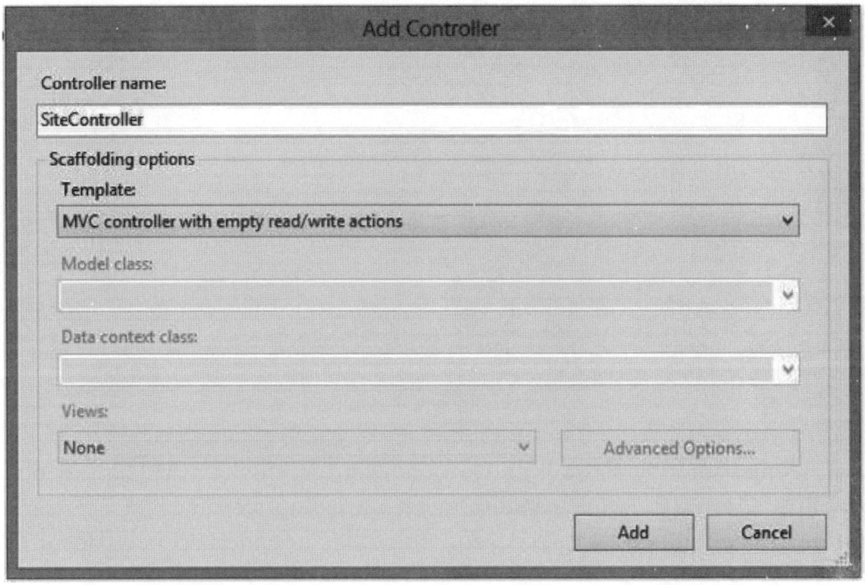

Figura 8 – Colocando o nome no "Controller" e escolhendo "template"

Note que, na figura 8, é colocado o nome como "SiteController" e o "template" escolhido como MVC controller with empty read/write actions. Depois disso, clique no botão Add.

Dentro desse "Controller", são criados métodos específicos do MVC. Por exemplo, o método chamado "Index" é acionado quando alguém entra na primeira página, assim, sempre que alguém digitar o endereço `http://localhost:8080/MVC/Site`, o primeiro método que o código vai passar é o "Index".

Se você precisa preencher alguma "dropdownlist" ou qualquer outro objeto antes que a página apareça, preencha-o dentro do método "Index". Se quiser preencher uma lista buscando os dados do banco de dados, verifique na listagem 5, mas antes crie uma instância da classe de contexto falada na primeira parte.

Listagem 5 – Gerando instância e mostrando Index

```
public class SiteController : Controller
{
        iSACContext db = new iSACContext();

        //
        // GET: /Site/

        public ActionResult Index()
        {
            var site = db.Sites.ToList();
            return View(site);
        }
}
```

Veja que, antes da classe Index(), foi adicionada a linha iSACContext db = new iSACContext(), a qual significa que a classe está preparada para buscar as informações dentro do banco de dados, pois é ela que conecta com o banco.

A variável "db" pode ser usada na classe toda. Passando agora para classe "Index", há duas linhas. A primeira busca uma lista de coisas e a outra mostra os dados na página.

Quando utilizamos a variável "var site = db." e adicionamos o ponto final, aparecem todas as classe disponíveis para acesso ao banco de dados. Veja a figura 9.

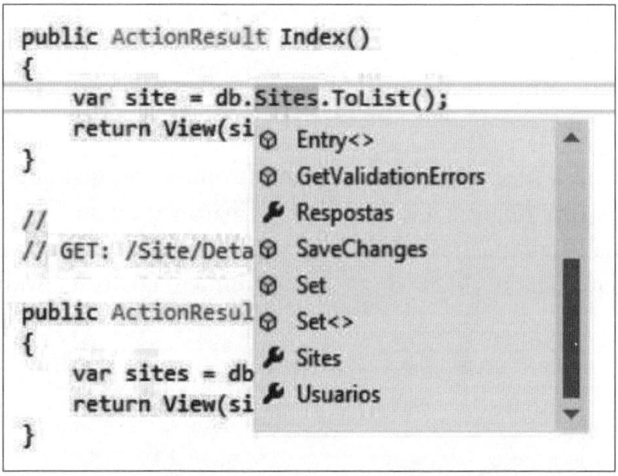

Figura 9 – Clicando o ponto e aparecendo classes

Todas as classes que aparecem na figura 9 estão disponíveis para o uso direto com o banco de dados. A classe Sites funciona como se fosse uma tabela no SQL Server.

Note também que estas classes são as mesmas criadas dentro da pasta "Models" e referências como tabelas na classe de contexto.

Listagem 6 – Classe de Contexto

```
public class iSACContext : DbContext
{
    //Tabelas
    public DbSet<Site> Sites { get; set; }
    public DbSet<Usuario> Usuarios { get; set; }
    public DbSet<Chamado> Chamados { get; set; }
    public DbSet<Resposta> Respostas { get; set; }
}
```

A listagem 6 mostra as variáveis de contexto, isto é, aquelas ligadas ao meu banco de dados SQL Server.

Continuando com o método "Index", a variável criada chamada "sites" retorna uma lista de dados (se houver dados na tabela), ou seja, na parte da "View". Por isso o return View(sites);.

Com MVC, daqui pra frente tudo funciona com "View". No nosso caso, CSHTML. Depois da classe "Index", precisamos gerar a parte do HTML, a qual mostra ao usuário o resultado final.

Para revisar, até agora fizemos a parte de banco de dados na classe de contexto, depois criamos as "models", a "controller" e classe "Index". Nenhuma delas é a parte de HTML ou CSHTML. No modo MVC, a parte HTML virou CSHTML. Para gerar essa parte, basta clicar em cima do método "Index" localizado dentro da pasta "Controllers". A figura 10 mostra como funciona.

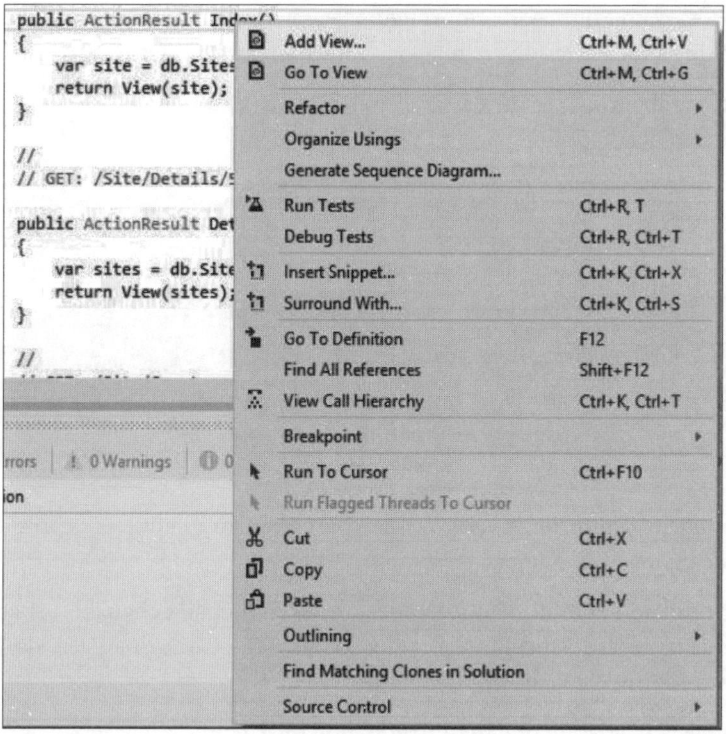

Figura 10 – Gerando View

Escolha "Add View", e uma nova tela aparece com algumas opções. Hoje temos dois tipos de "engine", a primeira ASPX (C#), que já conhecemos, e a outra chamada "Razor" (CSHTML).

Não vou explicar agora a diferença entre as duas opções, mas vou escolher a opção nova chamada "Razor". O próximo passo é criar um tipo forte para a View, ou seja, basta indicar a classe "model class" chamada "Site" criada dentro da pasta "Models". Existe ainda um "template" pra ser escolhido, que no nosso caso será uma lista, ou List. Veja a figura 11.

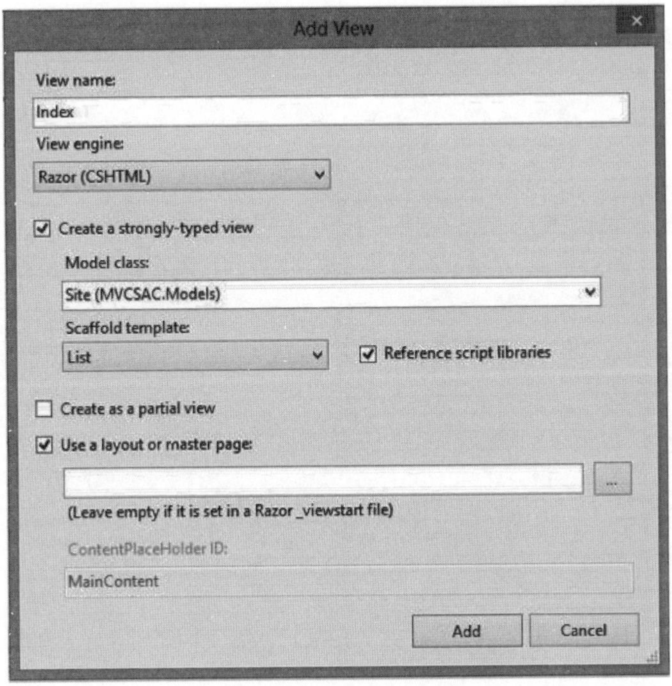

Figura 11 – Adicionando informações para gerar a View

Note que a parte de "Use a layout or master page" está marcada e em branco. Deixe em branco mesmo, depois retornaremos nesse assunto. Depois de selecionado, basta clicar no botão "Add".

A ferramenta Visual Studio cria uma pasta "Site" dentro da pasta "Views" do seu projeto. Nessa pasta, um arquivo "Index.cshtml" é criado, ou seja, o mesmo nome da classe criada.

A listagem 7 mostra como ficou a página "Index.cshtml".

Listagem 7 – Index.cshtml criado pela ferramenta

```
@model IEnumerable<MVCSAC.Models.Site>
@{
    ViewBag.Title = "Index";
}
<h2>Index</h2>
<p>
    @Html.ActionLink("Create New", "Create")
</p>
<table>
    <tr>
        <th>
@Html.DisplayNameFor(model => model.NOSite)
        </th>
        <th>
       @Html.DisplayNameFor(model => model.SITSite)
        </th>
        <th></th>
    </tr>

@foreach (var item in Model) {
    <tr>
        <td>
            @Html.DisplayFor(modelItem => item.NOSite)
        </td>
        <td>
            @Html.DisplayFor(modelItem => item.SITSite)
        </td>
        <td>@Html.ActionLink("Edit", "Edit", new { id=item.CHSite }) |
@Html.ActionLink("Details", "Details", new { id=item.CHSite }) |
@Html.ActionLink("Delete", "Delete", new { id=item.CHSite })
        </td>
    </tr>
}
</table>
```

Note que a primeira linha indica a "Model" criada anteriormente. Depois, é criada uma tabela normal, lá no final um "foreach" buscando a lista da "model" e mostrando os campos retornados do banco de dados.

Vamos ver o resultado final? Segue a figura 12 mostrando o que apareceu na tela.

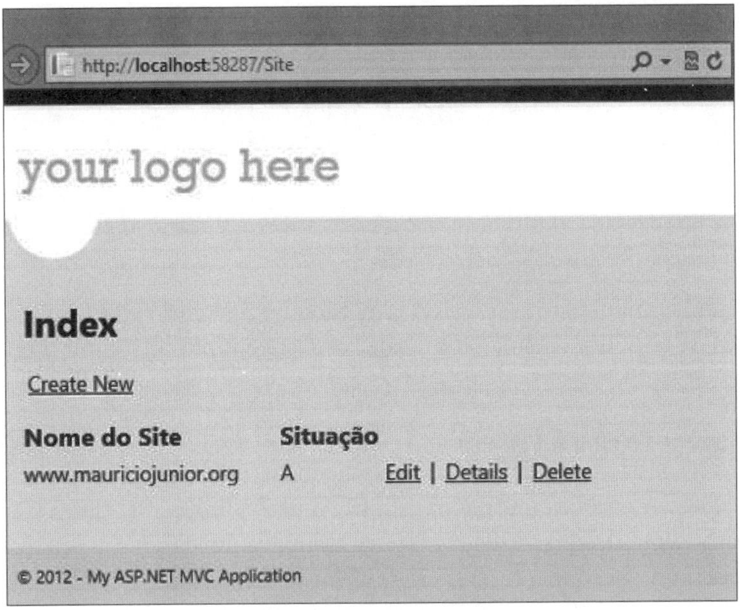

Figura 12 – Resultado final

Note que no endereço da URL está o caminho /Site. A lista de informações foram mostradas e existe só um dado dentro da tabela. Chego ao final dessa parte, e espero que tenha entendido tudo dito aqui até agora.

Terceira Parte

Opinião pessoal

Muitos desenvolvedores, por acharem mais difícil do que a maneira tradicional, não gostam da minha forma de desenvolvimento. Falarei sobre o assunto e darei continuidade ao exemplo iniciado nas partes anteriores.

O padrão MVC da Microsoft é um pouco diferente dos outros, principalmente porque os componentes utilizam "Razor" e mudaram um pouco. Antes de começar a fazer um projeto do tipo MVC, o primeiro passo é pensar sempre em MVC.

A forma normal de desenvolvimento usando ASPX mudou para melhor, focando em produtividade, facilidade e padrão.

O primeiro padrão de que falo aqui é o que se conecta com o banco de dados. A Microsoft criou o "Entity Framework", responsável por conectar ao banco de dados e inserir, deletar, atualizar e selecionar valores.

Esse "Framework" ajuda muito o desenvolvedor a gastar menos tempo com "pool", "timeout", "select", "insert", "delete", "update" e outros tipos de comandos.

Na minha opinião, não é possível fazer tudo usando o MVC; há muitas outras maneiras de fazer um sistema ou um site, você apenas precisa definir o que fará.

Continuando com o Projeto

Na parte anterior, criamos a lista do site e nela a própria ferramenta criou os links para editar, detalhar e deletar. Nesta parte, vamos executar o link criado na parte anterior e mostrar como funciona a edição dos dados.

A listagem 8 mostra o link na página index.cshtml.

Listagem 8 – Link Editar

```
@Html.ActionLink("Edit", "Edit", new { id=item.CHSite })
```

O link de edição chama um método "Edit" e passa parâmetro do tipo "id", ou seja, a chave da tabela. Esse método precisa estar dentro da "Controller", neste caso, da classe SiteController.cs. Vamos criar o método necessário dentro da "Controller" para buscar os dados solicitados pelo usuário depois do clique (informado anteriormente). Veja a listagem 9.

Listagem 9 – Criando um método de edição de dados

```
// GET: /Site/Edit/5
        public ActionResult Edit(int id)
        {
            var site = db.Sites.Find(id);
            return View(site);
        }
```

Note que foi colocado na assinatura do método ao tipo "int". Dentro do método, utilizamos variável de contexto (que faz a comunicação com o banco de dados) cujo objetivo é buscar o item desejado de acordo com o "id" e assim então fazer a edição dos valores.

O código "db.Sites.Find(id)" busca os dados no banco de dados e os armazena na variável "site" criada. Depois, é necessário retornar o valor com os dados da variável, "View(site)".

O método é simples no modo geral, mas é necessário criar o arquivo para visualização. Pra isso, clique com o botão direito em cima do nome "Edit" e escolha a opção "Add View". Veja na figura 13 o passo a passo.

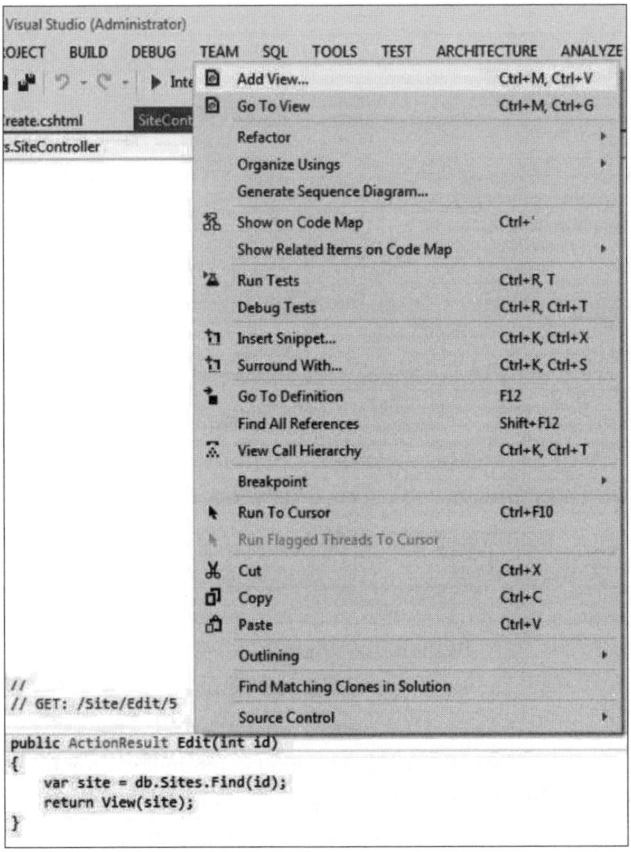

Figura 13 – Adicionando View de Edit

Outra tela aparece a fim de criar a "View" de edição dos dados, nesse caso, o formulário baseado na classe "SiteController". Veja o exemplo na figura 14.

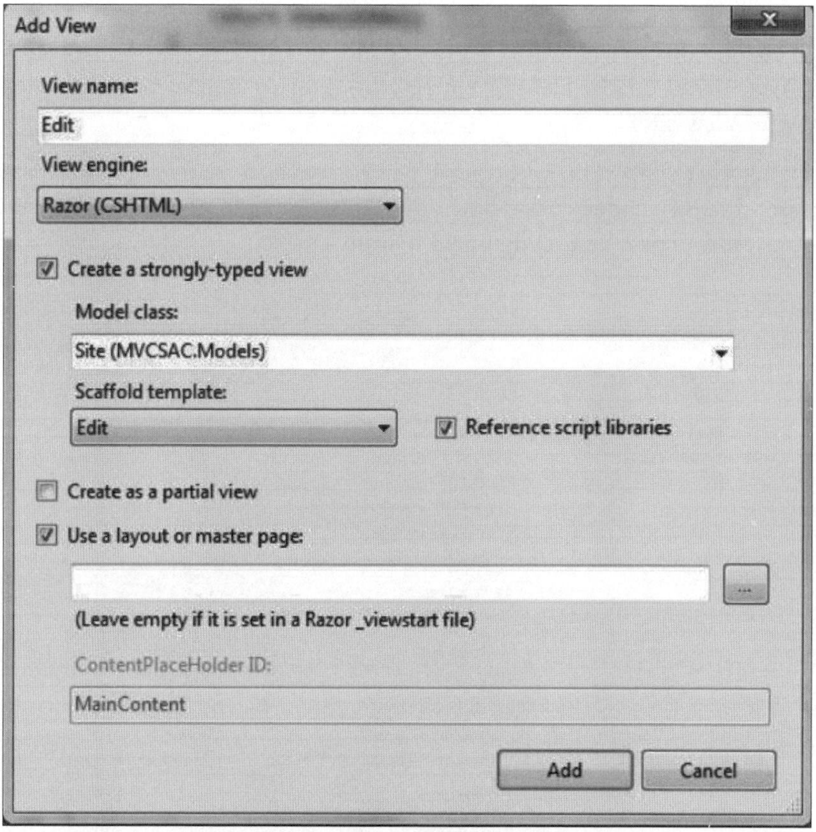

Figura 14 – Criando formulário de edição

O nome da "View" é "Edit", o mesmo do método, e o da "engine" é "Razor". Depois disso, marque a opção "Create a strongly-type view" e todas as classes "models" aparecerão automaticamente.

Escolha a "model" "Site (... Models)" que faz referência direta à classe. Depois escolha a opção "Edit" no "Scaffold template". Isso quer dizer que o "template" é usado como edição para aquele formulário. Depois disso, clique no botão "Add".

A ferramenta Visual Studio cria então um arquivo chamado "Edit.cshtml" dentro da pasta "View >> Site", a qual possui partes em HTML e partes em .NET.

Listagem 10 – Página Edit.cshtml

```
@model MVCSAC.Models.Site
@{
    ViewBag.Title = "Edit";
}
<h2>Edit</h2>
@using (Html.BeginForm()) {
    @Html.ValidationSummary(true)
    <fieldset>
        <legend>Site</legend>
        @Html.HiddenFor(model => model.CHSite)
        <div class="editor-label">
            @Html.LabelFor(model => model.NOSite)
        </div>
        <div class="editor-field">
            @Html.EditorFor(model => model.NOSite)
            @Html.ValidationMessageFor(model => model.NOSite)
        </div>
        <div class="editor-label">
            @Html.LabelFor(model => model.SITSite)
        </div>
        <div class="editor-field">
            @Html.EditorFor(model => model.SITSite)
            @Html.ValidationMessageFor(model => model.SITSite)
        </div>
        <p>
            <input type="submit" value="Save" />
        </p>
    </fieldset>
}
<div>
    @Html.ActionLink("Back to List", "Index")
</div>
@section Scripts {
    @Scripts.Render("~/bundles/jqueryval")
}
```

Esse formulário é muito simples, mas ainda falta programar a parte que pega os dados digitados pelo usuário para editar. Depois de digitá-los e clicar no botão "Save", o formulário precisa se comunicar com o banco de dados para então serem alterados dentro da tabela. Pra isso, é necessário criar outro método dentro da classe "SiteController.cs".

Listagem 11 – Página Edit.cshtml

```
[HttpPost]
public ActionResult Edit(Site site){
        db.Entry(site).State =
                System.Data.EntityState.Modified;
        db.SaveChanges();
        return RedirectToAction("Index");
}
```

No topo do método da listagem 11, foi colocado o comando [HttpPost], quer dizer que os dados virão pelo clique do botão "post" do formulário. A entrada do método é a própria classe Site (com get e set).

A primeira linha dentro do método chama a variável de contexto, seu estado é modificado e depois salvo pelo comando "db.SaveChanges()". O "Entity Framework" detecta os dados que precisam de alteração, busca a chave e faz o "update" na tabela automaticamente.

Essa é mais uma prova de que o "Framework" ajuda muito o usuário: com duas linhas de código os dados foram alterados sem qualquer problema. No final do método, o usuário do sistema é redirecionado para a classe "Index" criada anteriormente. Veja a figura 15.

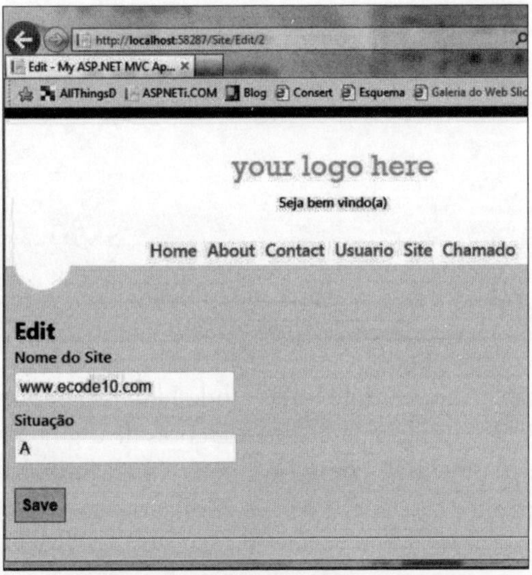

Figura 15 – Editando os dados pelo formulário

Note que a URL ficou /Site/Edit/2. Esse Edit chama automaticamente a classe Edit criada e a página Edit.cshtml. Alterando a situação para "I" e clicando no botão Save, o formulário comunica com a "Controller" para fazer a mudança.

O formulário chamou o método HTTPPost criado, alterou os dados no banco e redirecionou para a classe "Index" que mostra todos os dados. Veja a figura 16.

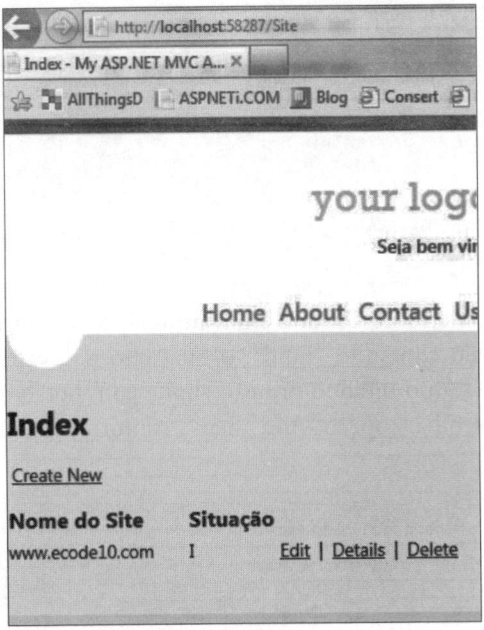

Figura 16 – Dados alterados.

Note que o dado foi alterado sem qualquer problema. Na próxima parte, vamos fazer a classe de "Delete".

Quarta Parte

Nesta segunda parte, darei continuidade ao nosso projeto feito até agora. Hoje, estudaremos o comando e funcionalidade "delete" de uma linha.

Para clicar no link "delete", é necessário primeiro buscar o item e pedir a confirmação do usuário. Para esse tipo de funcionalidade, vamos criar um método e uma página "template". Para confirmar a deleção, criaremos outro método que deleta no banco de dados. Os dois métodos serão feitos dentro da classe "SiteController.cs".

Fazendo o "Delete"

O primeiro passo para confirmar o "delete" é preencher o método "ActionResult" e depois dele gerar a View.

Listagem 12 – Criando o método ActionResult

```
// GET: /Site/Delete/5
public ActionResult Delete(int id)
{
    var sites = db.Sites.Find(id);
    return View(sites);
}
```

Veja que o parâmetro de entrada é um número e esse número é buscado no banco de dados pelo comando "Find", o qual retorna a variável "sites" dentro da View no final. Com o método pronto, clique com botão direito em cima do nome "Delete" e escolha a opção "Add View", conforme mostra a figura 17.

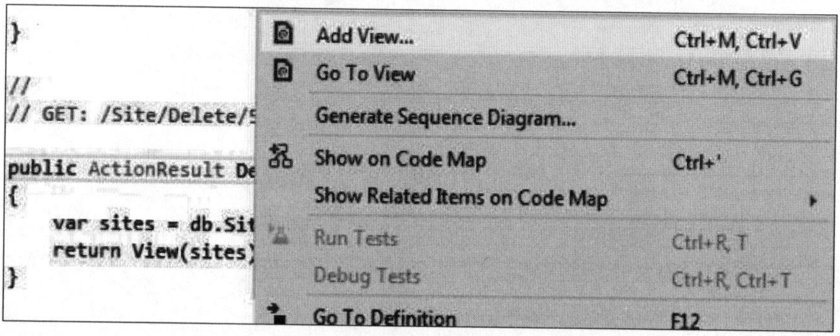

Figura 17 – Add View

Outra tela aparece para configurar o tipo de View que deseja. Veja a figura 18.

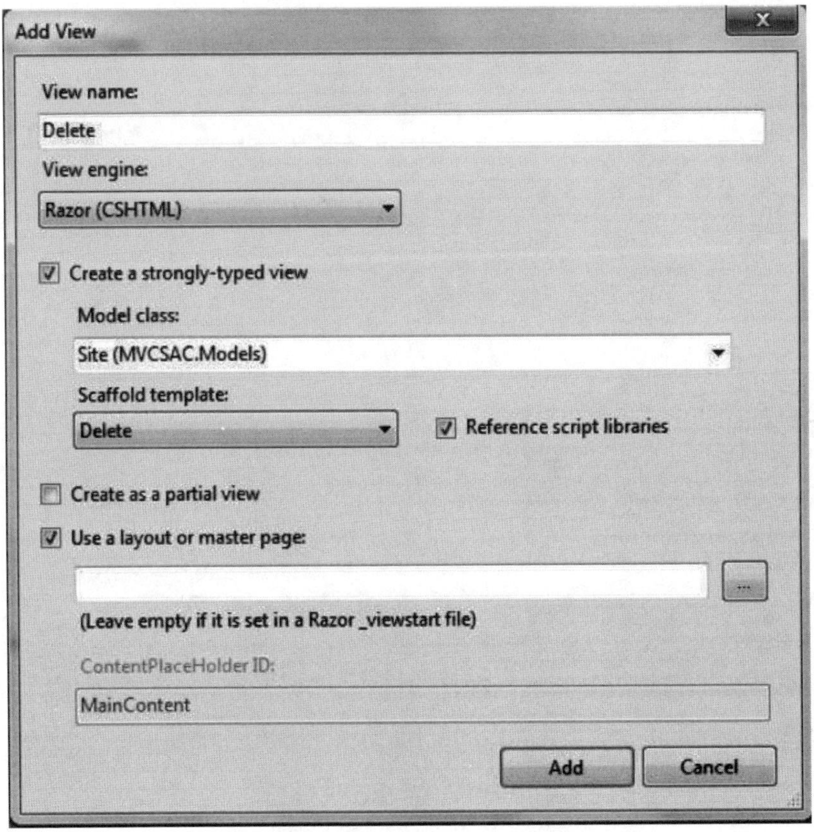

Figura 18 – Configurando a View

Note que a "View name" é chamada "Delete", a "Model class" é a do "Site" e o "template" é o "Delete". Depois disso, clique no botão Add.

Isso faz com que a página Delete.cshtml seja criada para confirmação dos dados antes de deletar.

Listagem 13 – Confirmação de Delete.

```
@model MVCSAC.Models.Site
@{
    ViewBag.Title = "Delete";
}
<h2>Delete</h2>
<h3>Are you sure you want to delete this?</h3>
<fieldset>
    <legend>Site</legend>
    <div class=”display-label”>
        @Html.DisplayNameFor(model => model.NOSite)
    </div>
    <div class=”display-field”>
        @Html.DisplayFor(model => model.NOSite)
    </div>
    <div class=”display-label”>
        @Html.DisplayNameFor(model => model.SITSite)
    </div>
    <div class=”display-field”>
        @Html.DisplayFor(model => model.SITSite)
    </div>
</fieldset>
@using (Html.BeginForm()) {
    <p>
        <input type=”submit” value=”Delete” /> |
        @Html.ActionLink("Back to List", "Index")
    </p>
}
```

A página gerada possui dados e um botão "submit", como mostra a figura 19.

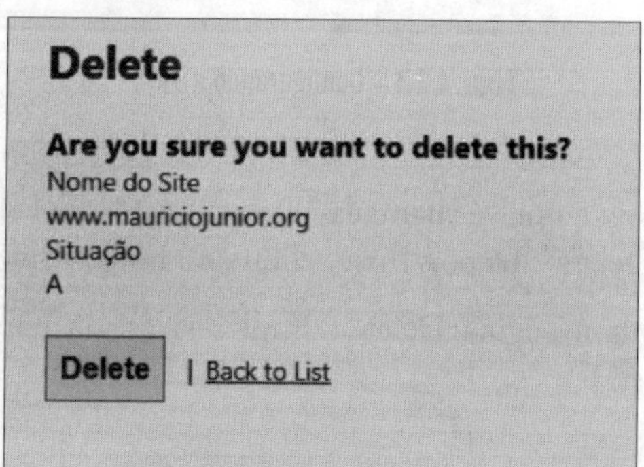

Figura 19 – Confirmação de Delete

Para que o botão funcione perfeitamente, vamos gerar outro método dentro da classe "SiteController.cs", o qual pode ser acessado via "http".

O método é simples, mas existem algumas particularidades.

Listagem 14 – Criando um método para o botão.

```
[HttpPost]
public ActionResult Delete(int id, Site site)
{
    var sites = db.Sites.Find(id);
    db.Entry(sites).State = System.Data.EntityState.Deleted;
    db.SaveChanges();

    return RedirectToAction("Index");
}
```

O método habilita o clique no botão "submit" da página de confirmação e executa o "delete", o que quer dizer que, no clique do botão, este método será acionado.

Note os parâmetros de entrada, um id e a classe get e set. Antes do método, existe o parâmetro "HttpPost", indicando que o método é acionado pelo clique de algum botão.

Dentro do método, a busca é feita pelo id, depois o "status" da entidade é alterado para "Deleted" e na outra linha os dados são deletados diretamente no banco de dados. O retorno do método tem que chamar outro método, o "Index", ou outro que prefira.

Depois de clicar no botão, o site retorna para a página principal. Veja a figura 20.

Figura 20 – Retorna para o método principal

Quinta Parte

Login Facilitado

Nesta parte, faremos o sistema de login usando MVC e Entity Framework. Diferentemente das outras partes, utilizarei o SELECT normal com o banco de dados em vez de usar LINQ.

O primeiro passo para a criação do sistema de login é criar a classe na pasta Model chamada Account.cs. Dentro da classe, é necessário colocar as propriedades de usuário e senha.

Listagem 15 – Classe Account

```
using System;
using System.Collections.Generic;
using System.ComponentModel.DataAnnotations;
using System.Linq;
using System.Web;

namespace MVCSAC.Models
{
    public class Account
    {
        [Required]
        [DataType(DataType.Text)]
        [Display(Name="Usuário")]
        public string Usuario { get; set; }

        [Required]
        [DataType(DataType.Password)]
        [Display(Name="Senha")]
        public string Senha { get; set; }
    }
}
```

Note que as propriedades são obrigatórias com o comando [Required]. O tipo da propriedade Usuario é Text e a senha é password. Depois, há apenas get e set em cada um.

O próximo passo é criar a classe "Controller" chamada AccountController.cs dentro da pasta Controller. Nela, teremos o formulário e as ações de clique do botão para logar. Esta classe funciona como as outras páginas feitas anteriormente, possuindo o método "Index" e outros.

O processo que cria a Controller é o mesmo informado nas partes anteriores. Clique com o botão direito em cima da pasta e adicione uma nova classe do tipo Controller. Veja a figura 21.

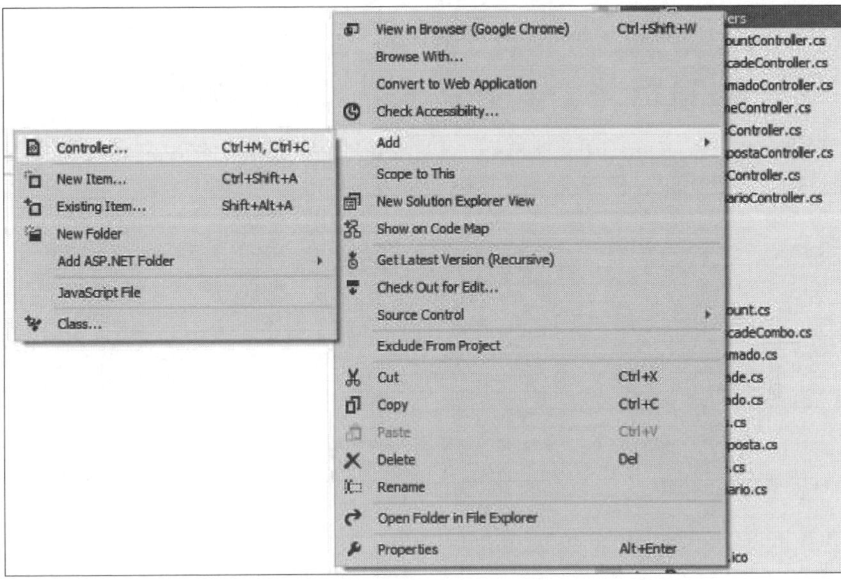

Figura 21 – Adicionando controller

Dentro dessa Controller, existem alguns métodos importantes, veja:

CONTROLLER: MÉTODOS

Index()	com o objetivo de visualizar a primeira página.
LogOut()	retira a autenticação do usuário e depois retorna à página home.
LogOn	(Account model, string returnUrl): consulta o usuário e o perfil.
consultaPerfil	verifica qual é o perfil do usuário.
consultaLogOn	verifica se a senha e o usuário são iguais aos gravados no banco de dados.

A listagem 16 mostra que o contexto foi adicionado no início da classe.

Listagem 16 – Contexto adicionado

```
public class AccountController : Controller
    {
        private iSACContext db = new iSACContext();
        ....
    }
```

O método LogOut() faz com que a autenticação do usuário seja terminada e a sessão abandonada. Depois disso, retorna à página principal.

Listagem 17 – Método LogOut()

```
    public ActionResult LogOut()
    {
        FormsAuthentication.SignOut();
        Session.Abandon();

        return RedirectToAction("Index", "Home");
    }
```

Os métodos de consultar perfil e consultar logOn são do tipo privado e retornam uma lista cada um, sendo uma lista de string e uma de int. Aqui, consultamos diretamente no banco de dados pelo comando select.

Listagem 18 – Consultas de perfil e logon

```
private List<string> consultaPerfil(List<int> resposta)
        {
            StringBuilder str = new StringBuilder();
            str.Append(@"SELECT PerfilUsu FROM Usuarios WHERE CHUsu = @CHUsu");

            IDataParameter parameter = new SqlParameter();
            parameter.DbType = DbType.String;
            parameter.ParameterName = "@CHUsu";
            parameter.Value = resposta[0];

            var perfil = db.Database.SqlQuery<String>(str.ToString(), parameter).
ToList();
            return perfil;
        }

        private List<int> consultaLogOn(Account model)
        {
            StringBuilder str = new StringBuilder();
            str.Append(@"SELECT CHUsu FROM Usuarios WHERE EMUsu = @EMUsu AND
```

```
PWUsu = @PWUsu");

            IDataParameter parameter = new SqlParameter();
            parameter.DbType = DbType.String;
            parameter.ParameterName = "@EMUsu";
            parameter.Value = model.Usuario;

            IDataParameter parameter1 = new SqlParameter();
            parameter1.DbType = DbType.String;
            parameter1.ParameterName = "@PWUsu";
            parameter1.Value = model.Senha;

            var resposta = db.Database.SqlQuery<Int32>(str.ToString(),
parameter, parameter1).ToList();
            return resposta;
        }
```

Note que o primeiro método, consultaPerfil, recebe uma lista de Int como entrada. Logo em seguida, o método faz select com a chave do usuário (CHUsu), o parâmetro é adicionado e depois o contexto é utilizado com o comando db.DataBase.SqlQuery. No final do comando, existe o ToList(), o qual retorna a lista de perfil.

Note que o segundo método, consultaLogOn, recebe a própria model e consulta a tabela de usuários com os parâmetros nome e senha, informados pelo próprio usuário. Os parâmetros são adicionados, cada um com seu valor, depois o comando SqlQuery é utilizado da mesma forma que o primeiro método. A única diferença é que a lista retornada é do tipo Int32 em vez de String.

O método responsável pelo logOn é o principal dessa classe. Os valores são trafegados do formulário web para que o método autentique o usuário e depois o perfil. Nesse nosso exemplo, é necessário verificar qual é o perfil do usuário, administrador ou normal. O perfil está gravado na tabela de Usuários e no campo PerfilUsu dentro do banco de dados (figura 22). A listagem 19 mostra o método.

	CHUsu	NOUsu	EMUsu	DTNascUsu	CHSite	PWUsu	PerfilUsu
1	2	Mauricio	mauricio.junior@gmail.com	2012-02-10 00:00:00.000	1	mauricio	A
2	4	Junior	jr@gmail.com	1982-03-29 00:00:00.000	2	mauricio	U

Figura 22 – Mostrando a tabela com o perfil

Listagem 19 – Método de logOn

```
public ActionResult LogOn()
        {
            return View();
        }

        [HttpPost]
        public ActionResult LogOn(Account model, string returnUrl)
        {
            var resposta = consultaLogOn(model);
            if (resposta.Count == 0)
            {
                ViewBag.Mensagem = "Usuário ou senha inválida, tente novamente!";
                return View();
            }
            else
            {
                //consulta perfil
                var perfil = consultaPerfil(resposta);

                if (perfil != null)
                    Session.Add("PerfilUsu", perfil[0]);

            FormsAuthentication.SetAuthCookie(model.Usuario, false /*
createPersistentCookie */);

                Session.Add("Usuario", model.Usuario);
                Session.Add("ChaveUsuario", resposta[0].ToString());


                if (Url.IsLocalUrl(returnUrl) && returnUrl.Length > 1 &&
returnUrl.StartsWith("/")
                        && !returnUrl.StartsWith("//") && !returnUrl.StartsWith("/\\"))
                {
                    return Redirect(returnUrl);
                }
                else
                {
                    return RedirectToAction("Index", "Home");
                }
            }
        }
```

O primeiro método não faz nada, só mostra a View da página. O segundo já começa com o comando HttpPost, mostrando que os valores serão postados do formulário. Note que nem todos os métodos possuem essa linha antes do método.

A primeira linha dentro do método chama outro método passando a própria "model" como parâmetro. Caso o retorno for igual a zero, quer dizer que as informações passadas pelo usuário não estão gravadas no banco de dados, assim, uma mensagem retorna para a tela falando que a senha ou o usuário são inválidos.

Caso o usuário seja autenticado, é necessário verificar o perfil. Se o perfil for diferente de "null", uma sessão é criada e o formulário é autenticado pelo método "SetAuthCookie". Depois de autenticar, verifica se existe o parâmetro url para fazer o redirecionamento ou não.

O próximo passo gera a View de Login. Clique com o botão direito em cima do método LogOn e escolha a opção Add View... mostrada na figura 23.

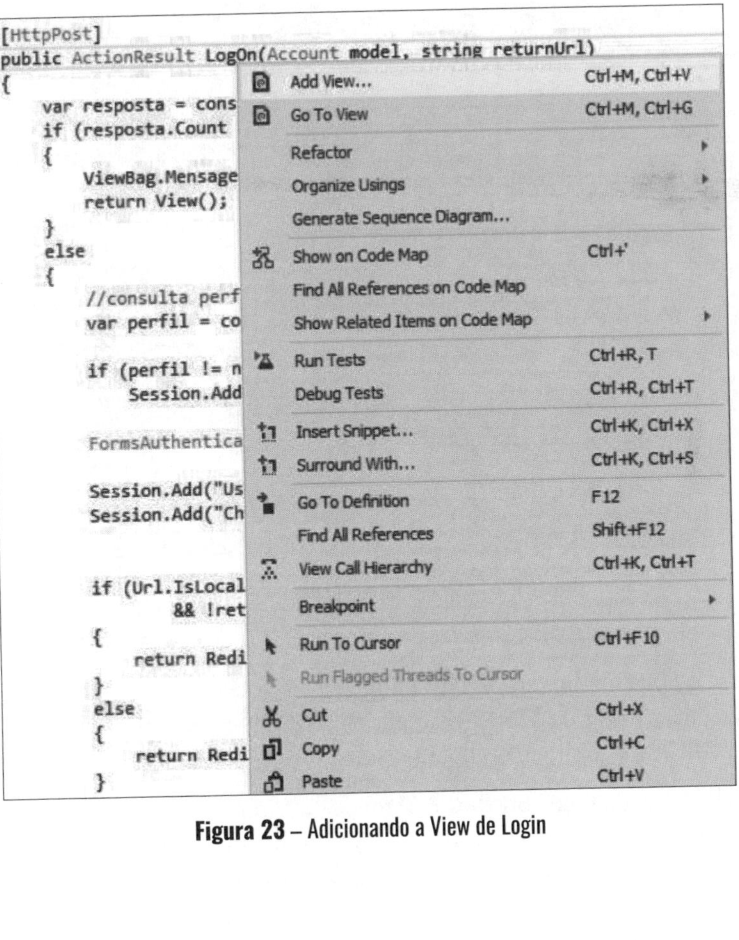

Figura 23 – Adicionando a View de Login

A figura 24 mostra como você deve escolher as opções na próxima tela.

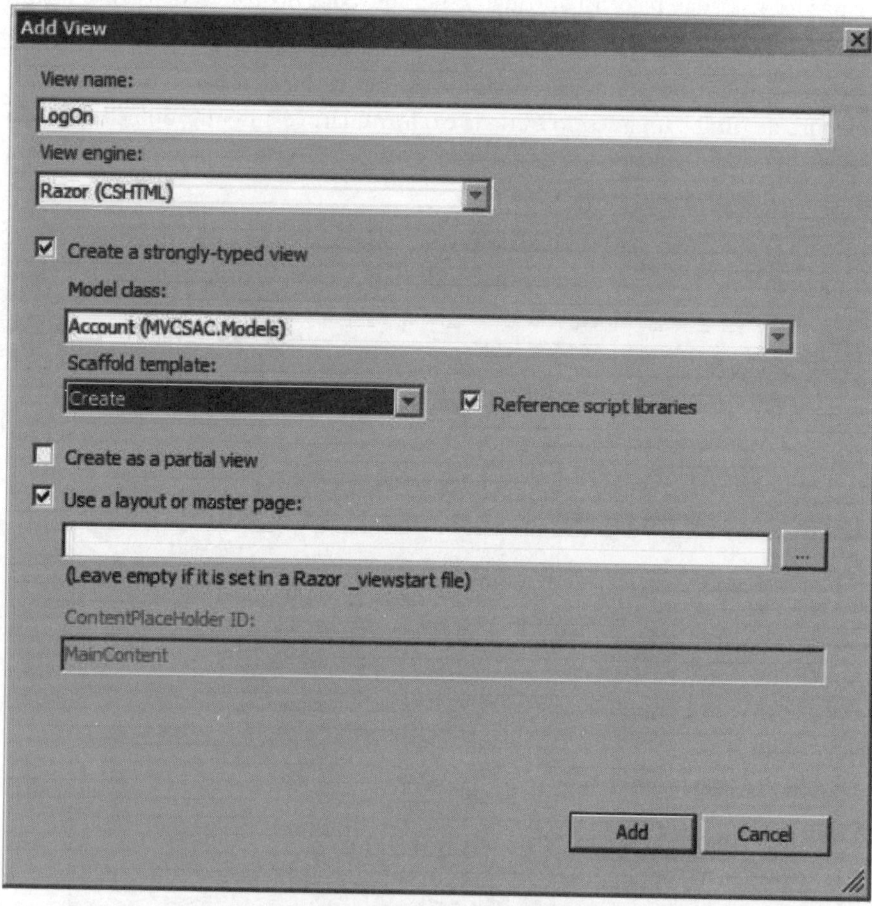

Figura 24 – Escolhendo as opções para criar a View

Deixe o nome como está, depois marque a opção de "Create" e a "strongly-type view" escolha a classe da Model chamada Account. Nos "templates Scaffold", escolha o tipo "Create" e clique no botão Add.

A view é criada com todos os parâmetros e campos para verificar o usuário e senha. A mudança feita dentro da View é o nome do botão e a criação de uma variável de mensagem. A listagem 20 mostra como ficou a view de login.

Listagem 20 – View de Login

```
@model MVCSAC.Models.Account
@{
    ViewBag.Title = "LogOn";
}
<h2>LogOn</h2>
@using (Html.BeginForm()) {
    @Html.ValidationSummary(true)
    <fieldset>
        <legend>Account</legend>
        <div class="editor-label">
            @Html.LabelFor(model => model.Usuario)
        </div>
        <div class="editor-field focus">
            @Html.EditorFor(model => model.Usuario)
            @Html.ValidationMessageFor(model => model.Usuario)
        </div>
        <div class="editor-label">
            @Html.LabelFor(model => model.Senha)
        </div>
        <div class="editor-field">
            @Html.EditorFor(model => model.Senha)
            @Html.ValidationMessageFor(model => model.Senha)
        </div>
        <p>
            <input type="submit" value="LogOn" />
            <br />
             <font color="red">@ViewBag.Mensagem</font>
        </p>
    </fieldset>
}

@section Scripts {
    @Scripts.Render("~/bundles/jqueryval")
}

<script language="javascript">
    //colocando o foco no botao
    document.getElementById("@Html.IdFor(model => model.Usuario)").focus();
</script>
```

No final da view, adicione um javascript para posicionar o cursor do mouse no campo chamado usuário. Mude o nome do botão de summit e coloque uma "ViewBag" de mensagem.

Outra dica importante é fechar os outros métodos e não deixar que sejam acessados pelo usuário sem que use o botão de logar. Para isso, é necessário acrescentar no topo da classe a seguinte palavra: "Authorize". A listagem 21 mostra isso.

Listagem 21 – Colocando autorização

```
[Authorize]
public class RespostaController : Controller
{}
```

Para finalizar a tela e todo o processo de login, acesse o arquivo de configuração Web.config, acrescente o tipo de autenticação e a página.

Listagem 22 – Arquivo de configuração.

```
<authentication mode="Forms">
  <forms loginUrl="~/Account/LogOn" timeout="2880" />
</authentication>
```

Prontinho, basta agora executar a página e tentar logar no banco de dados. Lembro que o banco de dados está com a senha aberta e estou utilizando criptografia neste primeiro momento. É bom que utilize sempre criptografia de dados para autenticação de informações. Veja a figura 25.

	CHUsu	NOUsu	EMUsu	DTNascUsu	CHSite	PWUsu	PerfilUsu
1	2	Mauricio	mauricio.junior@gmail.com	2012-02-10 00:00:00.000	1	mauricio	A
2	4	Junior	jr@gmail.com	1982-03-29 00:00:00.000	2	mauricio	U

Figura 25 – Informações no banco de dados

Para melhorar um pouco a primeira tela, coloque um link para login na primeira página. Se o perfil for de administrador, o sistema habilita algumas páginas, caso contrário o sistema não habilita. A figura 26 mostra a tela de login.

Figura 26 – Tela de login

Para facilitar, segue todo o código da classe de AccountController.cs.

Listagem 23 – Classe AccountController.cs

```
using MVCSAC.DAL;
using MVCSAC.Models;
using System;
using System.Collections.Generic;
using System.Data;
using System.Data.SqlClient;
using System.Linq;
using System.Text;
using System.Web;
using System.Web.Mvc;
using System.Web.Security;

namespace MVCSAC.Controllers
{
    public class AccountController : Controller
    {
```

```
        private iSACContext db = new iSACContext();

        //
        // GET: /Account/

        public ActionResult Index()
        {
            return View();
        }


        //GET: /Account/LogOut
        public ActionResult LogOut()
        {
            FormsAuthentication.SignOut();
            Session.Abandon();

            return RedirectToAction("Index", "Home");
        }



        // GET: /Account/LogOn
        public ActionResult LogOn()
        {
            return View();
        }

        [HttpPost]
        public ActionResult LogOn(Account model, string returnUrl)
        {
            var resposta = consultaLogOn(model);
            if (resposta.Count == 0)
            {
                ViewBag.Mensagem = "Usuário ou senha inválida, tente
novamente!";
                return View();
            }
            else
            {
                //consulta perfil
                var perfil = consultaPerfil(resposta);

                if (perfil != null)
                    Session.Add("PerfilUsu", perfil[0]);

                FormsAuthentication.SetAuthCookie(model.Usuario, false /*
createPersistentCookie */);

                Session.Add("Usuario", model.Usuario);
                Session.Add("ChaveUsuario", resposta[0].ToString());
```

```
            if (Url.IsLocalUrl(returnUrl) && returnUrl.Length > 1 &&
returnUrl.StartsWith("/")
                    && !returnUrl.StartsWith("//") && !returnUrl.
StartsWith("/\\"))
            {
                return Redirect(returnUrl);
            }
            else
            {
                return RedirectToAction("Index", "Home");
            }
        }
    }

    private List<string> consultaPerfil(List<int> resposta)
    {
        StringBuilder str = new StringBuilder();
        str.Append(@"SELECT PerfilUsu FROM Usuarios WHERE CHUsu = @CHUsu");

        IDataParameter parameter = new SqlParameter();
        parameter.DbType = DbType.String;
        parameter.ParameterName = "@CHUsu";
        parameter.Value = resposta[0];

        var perfil = db.Database.SqlQuery<String>(str.ToString(), parameter).
ToList();
        return perfil;
    }

    private List<int> consultaLogOn(Account model)
    {
        StringBuilder str = new StringBuilder();
        str.Append(@"SELECT CHUsu FROM Usuarios WHERE EMUsu = @EMUsu AND
PWUsu = @PWUsu");

        IDataParameter parameter = new SqlParameter();
        parameter.DbType = DbType.String;
        parameter.ParameterName = "@EMUsu";
        parameter.Value = model.Usuario;

        IDataParameter parameter1 = new SqlParameter();
        parameter1.DbType = DbType.String;
        parameter1.ParameterName = "@PWUsu";
        parameter1.Value = model.Senha;

        var resposta = db.Database.SqlQuery<Int32>(str.ToString(),
parameter, parameter1).ToList();
        return resposta;
    }
```

```
        //
        // GET: /Account/Create

        public ActionResult Create()
        {
            return View();
        }
        //
        // POST: /Account/Create
        [HttpPost]
        public ActionResult Create(FormCollection collection)
        {
            try
            {
                // TODO: Add insert logic here
                return RedirectToAction("Index");
            }
            catch
            {
                return View();
            }
        }
    }
}
```

CAPÍTULO 08
Tecnologia Web API

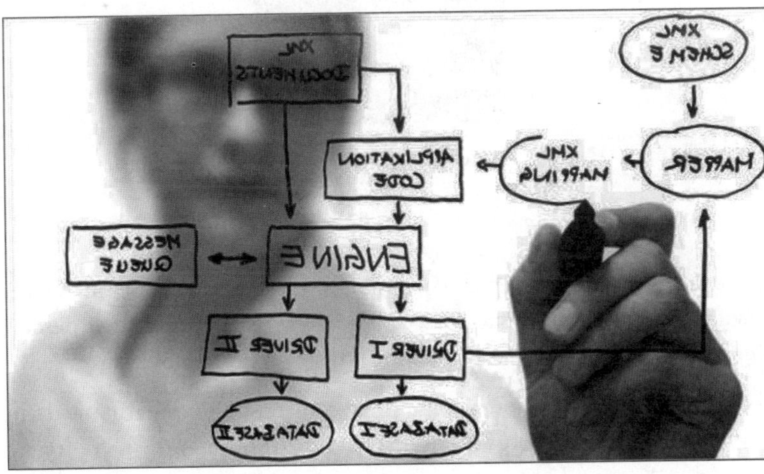

Figura 1 – Explicando WebAPI
Fonte: SalesNet

Neste capítulo, falarei um pouco sobre a nova tecnologia que a Microsoft criou, chamada de WebAPI. Para quem trabalha ou já trabalhou com WebService, essa tecnologia veio para tomar lugar do famoso SOAP, pesado e funcional.

Nessa primeira parte, não mostrarei a prática usando essa tecnologia WebAPI, apenas apresentarei os conceitos.

Tenho um livro, *Denvolvendo WebServices*, que fala bastante sobre o SOAP `https://mauriciojunior.org/books`, no qual eu ensino como desenvolver na prática e comunicar aplicações.

Figura 2 – Livro de programação usando WebService
Fonte: `www.mauriciojunior.org`

No mercado de trabalho, percebo que muitas empresas ainda utilizam WebServices para a comunicação entre plataformas, aplicativos e sistemas. Fiz uma pesquisa em várias empresas e muitas ainda não abandonaram o pesado SOAP.

A comunicação entre sistemas para buscar, inserir, alterar e excluir dados pelo WebService é válida, isso porque existem custos para mudar de tecnologia.

O protocolo SOAP usa XML e HTTP(s) para trafegar dados, muitas vezes dados abertos e inseguros, isto é, sem qualquer autenticação, criptografia ou "token" de autorização. O SOAP é pesado e pode consumir grande tráfego de rede por meio do XML ou da conversão dos dados. É um erro não utilizar segurança nesses casos, como apontam alguns artigos escritos por mim, os quais estão disponíveis no link `www.ecode10.com`. Veja alguns links abaixo.

URL do WebService Dinâmica

`http://www.ecode10.com/artigo/876/URL-do-WebService-Dinamica`

Consultando CEP via WebService

`http://www.ecode10.com/artigo/848/Consultando-CEP-via-WebService`

WebService utilizando soapHeader e token

`http://www.ecode10.com/artigo/647/WebService-utilizando-soapHeader-e-token`

WebService usando soapHeader

`http://www.ecode10.com/artigo/652/WebServices-usando-soapHeader`

WebService Desenvolvimento Parte 1

`http://www.ecode10.com/artigo/506/WebService-Desenvolvimento-Parte-1`

WebService Desenvolvimento Parte 2

`http://www.ecode10.com/artigo/517/Webservices-Desenvolvimento-Parte2`

e-Book Aprendendo a Desenvolver WebService

`http://www.ecode10.com/artigo/604/Ebook-Aprendendo-Desenvolver-WebServices`

Código fonte do livro de WebService

`http://www.ecode10.com/artigo/84/Codigo-fonte-do-livro-DESENVOLVENDO-WEBSERVICES`

Permitir Teste pelo Browser no WebService

`http://www.ecode10.com/artigo/429/Permitir-Teste-pelo-Browser-WebService`

Livro de WebService

`https://mauriciojunior.org/books`

O WebAPI usa REST em vez de usar o protocolo SOAP. É mais leve, mais rápido e ao mesmo tempo consome menos dados para trafegar na rede. A nova tecnologia tem a mesma funcionalidade do WebService (em geral), só que mais rápida consumindo menos. Ela pode se comunicar com qualquer plataforma, aplicativo, linguagem ou sistema. O REST significa "**Representation State Transfer**" ou **Transferência de Estado Representativo**, originado no ano 2000 por uma tese de doutorado (PHD) escrita por Roy Fielding.

No sentido mais amplo, o WebAPI descreve qualquer interface web simples que utiliza XML e HTTP, seguindo de YAML, JSON e texto puro. O acesso pode ser feito pelo cliente web sem a utilização do SOAP. A resposta pode vir em XML,

JSON ou texto puro sem qualquer problema. Existe a possibilidade de utilizar a tecnologia em qualquer plataforma, como por exemplo: no smartphone, na web, no desktop e outras plataformas que surgirão.

Com o WebAPI, as operações básicas para INSERIR, ALTERAR, EXCLUIR e ATUALIZAR estão previstas pelas operações POST, GET, PUT e DELETE. Isto forma o CRUD para a persistência de dados.

No momento de criar o WebAPI, o sistema automaticamente cria métodos de POST, GET, PUT e DELETE usando a ferramenta Visual Studio da Microsoft. Um amigo meu fala o seguinte: "existem alguns indianos que criam esses métodos automaticamente quando utilizamos a ferramenta Visual Studio". Eu concordo com ele, pois a ferramenta ajuda muito no desenvolvimento e, se o usuário seguir o passo a passo deste livro, a criação ficará bem simples.

O WebAPI pode ser o futuro? Na minha opinião, essa tecnologia já é o presente. Muitas empresas grandes utilizam essa tecnologia e fornece aos seus usuários maneiras de interagir usando REST com segurança, por exemplo: Amazon, eBay, Yahoo e outras.

Segurança

Falando um pouco de segurança, esse é um problema que ronda todos os desenvolvedores de tecnologia. Se você desenvolve software e site sem usar segurança de dados, ainda há tempo de começar a usá-la. Como vemos em alguns filmes, alguns dados hoje valem mais do que dinheiro. Essas informações são buscadas de todo jeito, inclusive usando meios ilícitos como sequestro e chantagem.

Existem várias maneiras de colocar segurança no WebAPI, podendo ser usado autenticação, token, autorização e mais.

WebAPI

WebAPI funciona com requisição HTTP pela URL do browser. Muitos aplicativos utilizam o webclient para chamar o HTTP e pegar o valor retornado. Com essa utilização, basta identificar a URI e passar os parâmetros corretos. Por exemplo: `http://site/api/usuario`. Acessando este link, todos os dados de usuários são retornados. Se você quiser um usuário específico, basta colocar o id `http://site/api/usuario/1` e o retorno é apenas do usuário 1.

O Web API utiliza a mesma estrutura MVC da Microsoft. O que você sabe de MVC Microsoft é o que será aplicado diretamente com a tecnologia WebAPI, isto é, não terá dificuldade em desenvolver.

CAPÍTULO 09
Web API Usando C#

O Web API, conforme já falado em capítulos anteriores, foi criado para ajudar no desenvolvimento e ao mesmo tempo disponibilizar a tecnologia para qualquer tipo de dispositivo ou tecnologia. Qualquer dispositivo criado hoje e que ainda será criado futuramente. Isso porque os dados podem ser pegos, utilizados, enviados e trabalhados de forma simples e rápida; isto é; sem precisar de um banco de dados local e tudo mais.

O Web API tem retorno do tipo JSon e XML só que, se alguém conseguir o caminho da URL do seu serviço web, os dados serão consumidos, enviados, atualizados, buscados ou deletados através de um browser e isso não é a melhor opção quando se diz que a informação vale mais do que dinheiro. É importante ter segurança e autenticação dos dados para consumir o serviço.

O que é feito hoje é a autenticação ou token antes de utilizar o serviço web. Para finalizar o livro, vou mostrar, via código, como autenticar o usuário e solicitar que os dados sejam enviados ao tentar consumir os dados. Lembre-se que, para a autenticação, é necessário o usuário e a senha com o banco de dados antes de qualquer uso de método.

O primeiro passo é criar uma autenticação utilizando o cabeçalho do JSon. Ele fica escondido e não precisa ser enviado via URL (Post / Get).

O primeiro passo é criar uma classe chamada AutenticacaoHeader.cs. A figura 1 mostra a criação do arquivo .cs chamado AutenticacaoHeader. É importante dizer que agora o código deve ser feito no serviço web e não no software que consome o serviço.

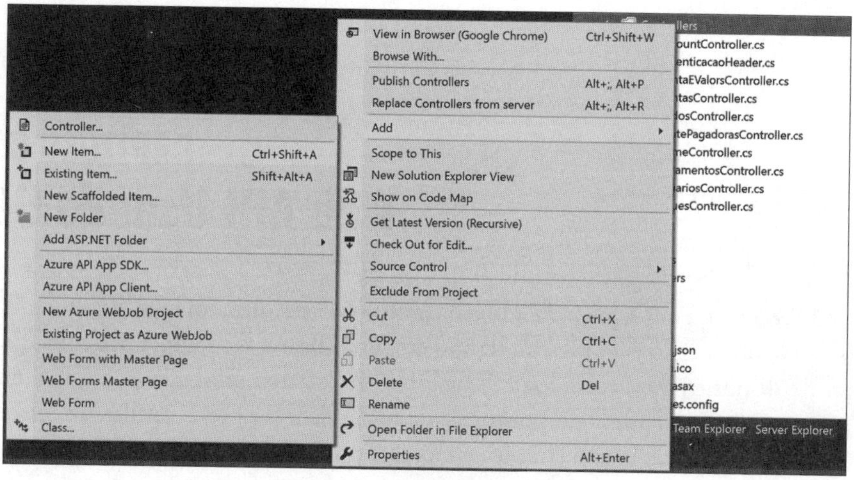

Figura 1 – Criando arquivo .cs de autenticação

O primeiro passo é estender de `ApiController` e utilizar o `EntityFramework` utilizado em capítulos anteriores. Veja a listagem 1.

Listagem 1 – Estendendo classes

```
using myMoneyWS.DAO;
using myMoneyWS.Models;
using System;
using System.Collections.Generic;
using System.Data;
using System.Data.SqlClient;
using System.Linq;
using System.Net;
using System.Net.Http;
using System.Net.Http.Headers;
using System.Text;
using System.Web;
using System.Web.Http;

namespace myMoneyWS.Controllers
{
    public class AutenticacaoHeader : ApiController
    {
        private ConexaoPadrao db = new ConexaoPadrao();
    }
}
```

Agora é necessário criar um método que retorna o status code e recebe o request header da página. Devem ser preenchidos dois valores no header antes de acessar o endereço URL Http. Veja a listagem 2.

Listagem 2 – Analisando os dados de entrada e saída do método

```
/// <summary>
/// Método que autentica o usuário no sistema e retorna um código de estatus.
/// </summary>
/// <param name="req">HttpRequestHeaders</param>
/// <returns>HttpStatusCode</returns>
public HttpStatusCode autorizarUsuario(HttpRequestHeaders req)
{
}
```

O *HttpRequestHeaders* contém informações escondidas do usuário comum. Dentro do método, deve ser feito consulta no banco de dados com os dados recebidos para saber se é igual aos dados do banco, é um `SELECT` simples. O primeiro passo do método é armazenar os dados *headers* recebidos em uma variável. Depois criamos duas variáveis, uma chamada `_user` e a outra `_pwd`, são variáveis locais iniciadas com vazio. Depois basta verificar se contém algum valor com o nome "user" e "pwd", se tiver, então, os dados são pegos e armazenados nas variáveis criadas anteriormente.

O próximo passo é preparar o `SELECT` utilizando o `SQLCommand` para enviar o script ao banco de dados. O `SQLCommand` precisa do `SELECT` e da variável da conexão. Depois basta preparar um `SQLParameter` com os parâmetros da condição `WHERE`. No final, basta utilizar o `SQLDataAdapter` passando o `dbCommand` como parâmetro. Se o banco de dados retornar algum dado, o código de status é aceito, caso contrário, ele retorna como não autorizado. O *finally* serve apenas para fechar a conexão com o banco de dados. Veja a listagem 3.

Listagem 3 – Método principal de autenticação

```
public HttpStatusCode autorizarUsuario(HttpRequestHeaders req)
{
        System.Net.Http.Headers.HttpRequestHeaders headers = req;

        string _user = string.Empty;
        string _pwd = string.Empty;

        if (headers.Contains("user") && headers.Contains("pwd"))
        {
            _user = headers.GetValues("user").First();
            _pwd = headers.GetValues("pwd").First();
        }

        StringBuilder str = new StringBuilder();
        str.Append(@"SELECT IdUsuario, NomeUsuario, EmailUsuario, PWUsuario FROM
Usuario WHERE EmailUsuario = @email and PWUsuario = @pw");

        SqlCommand dbCommand = new SqlCommand(str.ToString(), (SqlConnection)
db.Database.Connection);
        dbCommand.CommandType = CommandType.Text;
        dbCommand.CommandText = str.ToString();
        dbCommand.Connection = (SqlConnection)db.Database.Connection;
```

```
            if (!String.IsNullOrEmpty(_user))
            {
                IDataParameter email1 = new SqlParameter();
                email1.DbType = DbType.String;
                email1.ParameterName = "@email";
                email1.Value = _user;
                email1.SourceColumn = "EmailUsuario";
                dbCommand.Parameters.Add(email1);
            }

            if (!String.IsNullOrEmpty(_pwd))
            {
                IDataParameter pwUser = new SqlParameter();
                pwUser.DbType = DbType.String;
                pwUser.ParameterName = "@pw";
                pwUser.Value = _pwd;
                pwUser.SourceColumn = "PWUsuario";
                dbCommand.Parameters.Add(pwUser);
            }
            try
            {
                dbCommand.Connection.Open();
                System.Data.IDbDataAdapter dataAdapter = new System.Data.SqlClient.
SqlDataAdapter(dbCommand);
                dataAdapter.SelectCommand = dbCommand;

                var dtSet = new DataSet();
                dataAdapter.Fill(dtSet);

                if (dtSet != null && dtSet.Tables[0].Rows.Count > 0)
                    return HttpStatusCode.Accepted;
                else
                    return HttpStatusCode.Unauthorized;
            }
            catch
            {
                return HttpStatusCode.Unauthorized;
            }
            finally
            {
                dbCommand.Connection.Close();
            }
        }
```

Se vier algum usuário, então o status é o `HttpStatusCode.Accepted`, se não vier nenhum, então vem o status `HttpStatusCode.Unauthorized`, listagem 4.

Listagem 4 – Verificação no retorno dos dados

```
if (dtSet != null && dtSet.Tables[0].Rows.Count > 0)
  return HttpStatusCode.Accepted;
else
  return HttpStatusCode.Unauthorized;
```

Com esse método todo pronto, basta chamá-lo dos outros métodos antes de executar o código. Na classe *Controller*, criei um método chamado `GetAutor-`

izacaoUsuario() que chama a classe principal sobre autenticação. Posso chamar esse método privado dentro de qualquer outro método da classe. Veja a listagem 5.

Listagem 5 – Gerando novo método dentro da classe de serviço

```
/// <summary>
/// Método que chama a autorizacao do usuário.
/// Usar nos métodos específicos e protegidos.
/// </summary>
private IHttpActionResult GetAutorizacaoUsuario()
{
   AutenticacaoHeader _auth = new AutenticacaoHeader();
   if (_auth.autorizarUsuario(Request.Headers) == HttpStatusCode.Unauthorized)
       throw new Exception("Error: Your are not unauthorized - Code: " +
HttpStatusCode.Unauthorized);
   else
      return null;
}
```

Note que na listagem 5 a classe `AutenticacaoHeader` é chamada e o método `autorizarUsuario` passando o parâmetro `Request.Headers`. Logo após, é verificado se o resultado é igual ao `HttpStatusCode.Unauthorized`, ou seja, verifica se não foi autorizado. Em caso de "não autorizado" é gerada uma exceção com erro na mensagem, caso contrário, retorna `null`.

Para que tenha efeito em todas as classes, é necessário chamar o método `GetAutorizacaoUsuario()` como primeira linha dos outros métodos. Veja a listagem 6 mostrando como fazer.

Listagem 6 – Chamando o método GetAutorizacaoUsuario()

```
// GET: api/Usuarios
public IQueryable<Usuario> GetUsuario()
{
   GetAutorizacaoUsuario();
   return db.Usuario;
}
```

Na listagem 6 só tinha a linha de código `return db.Usuario`, só que agora eu chamei o método `GetAutorizacaoUsuario()` criado anteriormente. Caso aconteça algum erro, o método não vai passar pela linha `return db.Usuario`; e ao invés disso, vai retornar um erro ao sistema ou browser que chamou o método sem passar os dados necessários, como usuário e senha.

Ao tentar executar o código via *browser* sem passar usuário e senha pelo *header*, um erro retorna. A figura 2 vai mostrar como ficou.

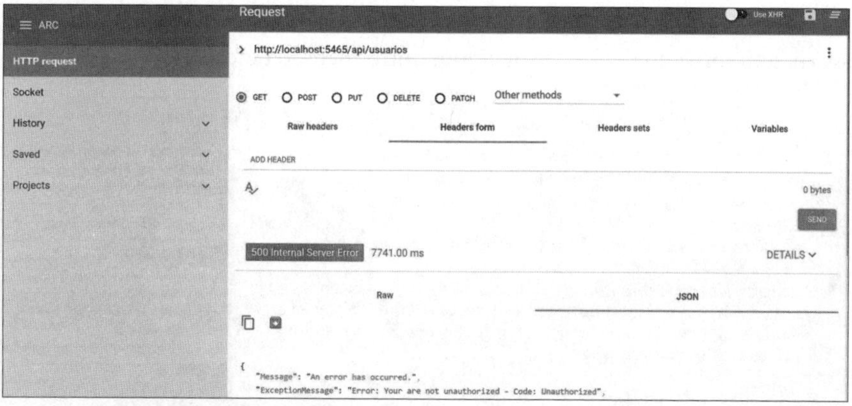

Figura 2 – Autenticando os dados do usuário

A mensagem retornada mostra para o usuário que ele não tem autorização de acessar o método.

Lembre-se de chamar o método só para aqueles que precisam de autenticação, caso contrário, deixe aberto para qualquer um utilizar. A listagem 7 mostra outro método que precisa de autorização.

Listagem 7 – Busca o usuário pelo Id

```
// GET: api/Usuarios/5
[ResponseType(typeof(Usuario))]
public IHttpActionResult GetUsuario(long id)
{
    //método que chama a autorizacao do usuario
    GetAutorizacaoUsuario();

    Usuario usuario = db.Usuario.Find(id);
    if (usuario == null)
    {
        return NotFound();
    }

  return Ok(usuario);
}
```

O método pode ser acessado via GET com a URL `api/Usuarios/5` e não precisa passar como parâmetro o usuário e senha, mas vai precisar passar no cabeçalho escondido.

Todo esse código e explicação foram feitos para o serviço web. Ainda falta passar os parâmetros no *software* que consome o serviço: pode ser um *software web*, pode ser *desktop*, pode ser mobile e outros mais. O que vou fazer é mostrar o próximo código feito para consumir a parte *web* passando como parâmetro escondido, os headers usuário e senha.

No clique do botão enviar, é necessário informar o `DefaultRequestHeaders` com as sessões geradas depois de logar. Veja a listagem 8.

Listagem 8 – Enviando o header antes de chamar a URL

```
protected void cmdEnviar_Click(object sender, EventArgs e)
{
    //pega o client server
    var client = HttpClientRequest.getClient();
    client.DefaultRequestHeaders.Add("user", Session["MONEY_EMAILUSUARIO"].
ToString());
    client.DefaultRequestHeaders.Add("pwd", Session["MONEY_PWDUSUARIO"].
ToString());

   //preenche os dados
   var _conta = new Conta()
   {
       DescricaoConta = txtDescricao.Text,
       IdUsuario = int.Parse(Session["MONEY_IDUSUARIO"].ToString())
   };

   System.Net.Http.HttpResponseMessage response = client.
GetAsync(ConstantesUteis.POST_CONTA).Result;
   response = client.PostAsJsonAsync(ConstantesUteis.POST_CONTA, _conta).Result;
   Uri envioUri = response.Headers.Location;

   if (response.IsSuccessStatusCode)
   {
      Response.Redirect("AddContas?guid=" + Guid.NewGuid() + "&id=sucesso");
   }
   else
      Response.Write(response.StatusCode.ToString() + " - " + response.
ReasonPhrase.ToString());
 }
```

Note que depois de pegar o *client* pela variável, precisamos informar dois tipos de parâmetros com chave e valor. Essa chave é o "user" com o seu valor e a outra chave é a "pwd" com seu respectivo valor.

Você deve estar se perguntando, onde foi gerada essa Session. Ela foi gerada na tela de login. Espero que tenha te ajudado e qualquer dúvida, pode entrar em contato comigo pelo site `http://www.mauriciojunior.org`.

Impressão e acabamento
Gráfica da Editora Ciência Moderna Ltda.
Tel: (21) 2201-6662